서툰 어른을 위한
인생 수업

서툰 어른을 위한
인생 수업

단단하고 유연한 어른이 되고 싶은 나에게

콰트 지음

다른
상상

스무 살이 되었을 때 30대가 되었을 때를 상상해본 적이 있다. 이제 막 대학교에 입학한 내게 정장을 입고 자신의 차로 출근하는 어른들은 동경과 선망의 대상이었다. 그러면서 다음과 같은 생각을 했다.

'10년 후엔 나도 저 사람들처럼 어른이 되어 있지 않을까?'

하지만 그건 나의 착각이었다. 다양한 직장을 전전하며 여러 사람을 만날수록 내가 되고 싶었던 어른의 모습과는 점점 멀어져 갔다.

어른이 되면 번듯한 직장에 다니며, 그곳에서 내 능력을 인정받고 괜찮은 직급에서 활약하고 있을 거라 생각했다. 결혼은 하지 못해도 마음에 드는 사람을 만나 아름다운 사랑을 하고 있지 않을까, 생각했다.

시간이 흘러 내가 어른이라 여겼던 그 나이대가 되었을 때 내 현실은 딱 정반대였다. 힘겹게 들어간 첫 회사에 적응하지 못해 제 발로 뛰쳐나왔고 이후엔 한 군데에 오랫동안 정착하지 못하고 방황하는 시간을 보냈다. 모아둔 돈도 떨어져 부모님 집에서 살고 있는 상태였다. 만나는 사람과도 자주 싸우고 걸핏하면 헤어지다 보니 몇 년 동안 만났음에도 속에 있는 얘기조차 제대로 하지 못하는 사이였다. 성인이 되고 난 후 10년이 지났지만 여전히 내가 그리던 삶과는 거리가 멀었다.

나이로는 어른, 현실은 여전히 어린아이였던 내 인생이 바뀌게 된 건 우연한 계기였다. 연말을 맞아 친한 동생 두 명과 캠핑장에 놀러가서 고기를 구워 먹고 모닥불을 쬐던 중이었다. 새해를 앞두고 각자 앞으로 이루고 싶은 목표가 무엇인지에 대해 이야기하다가 당시 나는 "10년 후에는 제주도에서 글을 쓰면서 살고 싶다"고 말했다. 그 당시 블로그에 글을 쓰고 있긴 했지만 어디까지나 카페나 맛집 리뷰 정도였기에 말을 한 나조차 '어떻게 목표를 이룰 것인가'에 대한 생각은 깊게 하지 않은 상 태였다.

그런데 신기한 건 그다음부터였다. 그 말을 뱉고 난 이후 부터 조금씩 '글을 쓰는 삶'이 시작되었다. 일단 글을 쓰는 습관 을 들여야겠다는 생각으로 매일 글을 쓰면서 그동안 사람들과 의 관계 속에서 자주 하던 생각들을 정리해봤다. 그렇게 브런 치에 글을 쓰기 시작했고 점차 많은 분이 내 글을 좋게 읽어주 신 덕분에 이렇게 책까지 낼 수 있게 되었다. 참으로 감사한 일 이다.

내가 글을 꾸준히 쓸 수 있었던 건 글쓰기를 통해 나 자신 을 돌아볼 수 있어서였다. 사랑에 대해 글을 쓰다 보면 자연스 레 나의 연애를 떠올리게 된다. 그 당시엔 좋은 의도라 생각했던 말과 행동들이 얼마나 이기적이었는지 깨닫는다. 인간관계에 대한 글을 쓰면 지금껏 맺고 끊어온 관계들을 떠올리며 그때 당시 내게 부족한 부분이 무엇이었는지 되돌아보곤 한다. 글에서 '당신'이라 지칭하는 대상은 사실 나 자신이라고도 할 수 있다. 현재의 내가 과거의 나에게 해주고 싶은 말들이기도 한 것이다.

글 쓰는 습관은 꽤 익숙해졌지만 어렸을 적 상상한 성숙한 어른에 도달하려면 갈 길은 여전히 멀기만 하다. 어쩌면 그런 어른이 된다는 건 불가능할지도 모르겠다는 생각도 든다. 해야 하는 것들에 좋은 성과를 거두는 동시에 나와 가까운 사람들을 서운하게 만들지 않는 것. 불확실한 미래를 계획하고 대비하는 동시에 현재의 행복을 놓치지 않고 즐기는 것. 자신의 주관을 유지하면서도 타인에 대한 유연함을 가지는 것. 양립하기 힘든 2가지 사이에서 어찌저찌 균형을 유지하는 게 어른의 삶이 아닐까 싶기도 하다.

　　나는 이 책을 읽은 사람들이 자신의 삶을 좀 더 객관적으
로 바라볼 수 있길 바란다. 때로는 진실이 아닌 것들이 마음에
안정을 가져다 줄 때도 있다. 하지만 그건 일시적일 뿐 근본적
으로 삶을 더 낫게 하진 않는다. 하고 싶은 일을 찾고, 정말 나
와 잘 맞는 친구를 만나고, 평생 함께 하고 싶은 사람과 사랑하
길 바란다면 지금까지 외면했던 진실을 마주할 수 있어야 한
다. 서툴렀던 경험들을 통해 느꼈던 생각들이 담긴 이 책이, 당
신에게도 도움이 될 수 있길 바란다.

콰트

차례

2장

버틸 것인가, 성장할 것인가 일하는 마음

3장

놓아줄 사람과 곁에 둘 사람, 인간관계에 대하여

4장

주어지는 삶에서 일궈내는 삶으로

5장

인생의 체력을 기르는 방법

자신에게 정말로 소중한 것이 무엇인지 깨닫는 과정이 힘들고 괴로울 수 있다. 그러나 틀을 깨고 자신이 정말로 원하는 게 무엇인지를 알게 된다면, 이전과는 전혀 다른 삶을 살 수 있다. 정말로 행복한 하루, 진심에서 우러나오는 웃음을 지으며 살 수 있다.

1장

어제와는
다른 삶을 살기로 한
당신에게

당신은
삶을
어떻게 대하고 있는가

삶을 그 자체로 아름답다고 말하는 사람들이 있다. 반대로 목적 없이 사는 삶은 삶이 아니라 말하는 사람들도 있다. 삶 자체가 목적이라 말하는 이들은, 크게 무언가를 바라지 않았다. 그들은 일상 속 쉽게 접할 수 있는 것들에서 행복을 느낀다. 그와 반대인 사람들은 얻고자 하는 것이 확실하며, 그것을 위해 하루를 부지런히 살아간다. '삶을 대하는 방식'에 차이가 있는 것이다.

내가 생각하는 삶은 '평생 원하는 것을 선택하는 과정'이다. 우리는 하루 종일 수많은 선택을 한다. 출근을 할지 말지, 친구를 만날지 말지, 운동을 할지 말지 등. 많은 사람이 선택을 할 때 '무엇이 내게 더 도움이 될까', '어떤 게 더 좋은 것일까'라는 고민을 한다. 그리고 선택을 내렸을 때 어떤 결과가 나올지에 대해 예측해본다. 그 과정에서 누구나 자신에게 익숙한 걸 선호하기에 결과를 예측할수록 도약의 계기가 될 선택을 할 확률보다는 상상할 수 있는 범위 내에서의 선택을 할 확률이 높아진다. 선택하기 전 결과를 예측하려는 습관은, 길게 보면 인생에 큰 도움이 되지 않는다.

어찌 보면 당연한 일이지만 그보다 중요한 건 '현재 어떤 고민을 하고 있는가'다. 사람은 불안정하고 고통스러운 순간을 이겨내면서 성숙해진다는 걸 이미 당신도 알고 있을 것이다. 우리는 어떤 선택을 해야 할까? 시간이 지나더라도 후회하지 않을 선택을 하려면 어떻게 해야 할까? 그 방법은 딱 하나다. 스스로 어떻게 살고 싶은지 확실히 정하는 것이다. 자신만의 기준이 있으면 어디서든 크게 휘둘릴 일이 없다.

끊임없이 당신이 어떤 사람인지에 대해 생각해보라. 지금 스스로를 충분히 잘 안다는 생각도 들 것이다. 하지만 살다 보면 우리는 충분히 예상 가능한 상황보다, 그렇지 않은 상황에 처하게 되는 순간들이 훨씬 많다. 그럴 때마다 우리는 자신도 모르는 사이에 조금씩 변해간다. 이런 부분 때문에 우리는 평생에 걸쳐 지금의 내게 무엇이 중요한지 판단할 수 있어야 한다. 처음엔 어렵고 막연하지만 익숙해질수록 더 이상 타인과 비교하지 않고 자신만의 삶을 즐길 수 있게 되는 것이다.

이성적으로 판단해 후회하지 않을 선택을 하는 것. 빠르게 스트레스를 풀 수 있는 나만의 방법을 찾는 것. 끊임없이 나에 대해 생각하는 것. 여기까지가 삶을 대하는 나만의 방식이다. 당신은 어떤 방식으로 삶을 대하고 있는가. 당신에게 있어 삶이란 어떤 것인지 깊게 생각해본 적 있는가. 만약 그런 시간을 갖지 못했다면, 이번 기회에 '당신만의 삶'에 대해 고민해보자.

어른이 된다고
다 잘할 순 없어

가끔 인생이 정해진 대로 흘러간다면 얼마나 편할까 하는 생각을 한다. 갈수록 고민이 많아지는 삶을 살아간다. 어렸을 때 고민을 할 선택지가 없다는 게 힘들었다. 반복되는 일상에서 벗어나 '도대체 언제 어른이 될까'라는 생각이 가득했다. 시간이 흘러 이제는 꼬마들의 시선에서 '어른이다!'라고 생각할 그런 나이가 되어버렸다.

성인이 되고 다양한 사람을 만나면서 느낀 점이 하나 있다. 바로 나이를 먹는 것과 어른이 되는 건 다르다는 것이다. 나이는 많지만 여전히 철이 없는 사람도 있고, 어리지만 성숙한 사람도 있다. 원하든 원하지 않든 적정한 시기가 되면 자신의 몫을 해내야 하는 삶을 살게 된다. 조금 일찍 어른의 삶을 산다는 건 장기적으로 봤을 때 나쁘지 않을 수도 있다. 내가 이렇게 생각할 수 있는 것도 일찍 어른이 되지 못했기 때문이지만 말이다.

여전히 진정한 어른이 되는 일은 어렵게만 느껴진다. 스스로에게 이대로 잘 걸어가기만 하면 된다고 괜찮다고 독려하고 마음을 굳게 먹었다가도, 갑자기 끝도 없이 불안해질 때가 있다. 게임을 하다가 난관에 부딪히면 다시 시작하면 되지만, 인생은 그렇지 않다. 피하고 싶은 마음이 굴뚝같아도, 하고 싶지 않아도 해야만 할 때가 많다. 그것을 해결해야만 평온한 일상으로 돌아갈 수 있는 경우 말이다. 모두 이런 경험을 해봤을 것이다. 개인적으로 이런 일들을 겪으면서 몇 가지 느낀 것들이 있다. 그중 하나는 문제를 미뤄봤자 전혀 도움이 되지 않는다는 것이다. 혼자서 해결이 안된다면 도움을 요청해서라도 최대한 빨리 해결하는 게 가장 좋았다. 놀랐던 건 도움을 요청했을 때 손을 내밀어주는 사람들이 의외로 많았다는 것이다. 도와주는 사람이 한 명만 있어도 문제 해결이 훨씬 수월해진다. 타인에게 너무 의지하는 건 좋지 않지만 혼자서 모든 걸 해내려는 것도 결코 좋은 태도는 아닐 수 있다.

또한 문제 상황에서 애매하게 행동할수록 자신을 포함한 주변 사람들까지 힘들어지는 경우가 많았다. 종종 자신을 포함한 모두가 만족할 만한 선택지를 찾는 데 많은 시간을 쓰게 되는데, 결정적인 순간에 중요한 건 완벽한 판단보다 후회하지 않을 판단을 내리는 것이다. 어떤 문제를 완벽하게 해결하려고 하면 시간이 걸리고, 그 시간만큼 문제는 점점 더 커지게 된다. 고민은 깊고 짧게, 문제가 생겼을 때 가장 먼저 하는 생각이다.

어른이 된다고 해서 모든 걸 잘할 수 있는 건 아니었다. 여전히 불확실하고, 누구를 믿어야 할지, 나의 선택이 정말 옳은 것인지 하루에도 몇 번씩 고민한다. 나는 겁이 없는 사람이 용기 있는 사람이라고 생각하지 않는다. 정말로 용기 있는 사람은 겁이 나더라도 앞으로 나아가는 사람이다. 우리의 삶도 마

찬가지다. 자신이 걷고 있는 길이 불안할 수도 있다. 하지만 그
것은 당신뿐만 아니라 모든 사람이 하는 생각이다. 무섭고 두
려워도 자신의 선택을 믿고 꾸준히 한다는 것. 삶을 대하는 최
선의 자세이자 진정한 어른의 삶이 아닐까.

파도에 배가 흔들리는 것이
배의 잘못은 아니지 않은가

예상하지 못한 힘든 상황과 마주할 때면 별의별 생각이 든
다. 지금 나를 힘들게 만든 상황이나 사람을 원망하는가 하면
스스로를 원망할 때도 있다. 과거의 일까지 곱씹어보면서 앞으
로 어떻게 살지, 어떤 사람을 만날지 등 고민을 하다 보면 어느
새 시간이 훌쩍 지나가 있다. 좋은 사람들이 곁에 있고 하고 싶
은 게 있음에도 이런 고민을 하는 걸 보면 살아간다는 건 무엇
하나 쉬운 게 없다는 당연한 사실을 다시 한번 느낀다.

지금까지의 삶을 돌아보면 좋을 때도 있었고 나쁠 때도 있었다. 평균적으로 생각해보면 무난한 인생이었다. 하지만 '평균'은 숨은 단점을 감추고 있다. 바로 '매우 좋지 않음'을 '매우 좋음'으로 얼추 눈가림할 수 있다는 것이다.

수학점수가 0점이어도, 국어를 100점 맞으면 평균은 50점이 된다. 평균만 보면 다른 사람들은 '저 사람은 국어나 수학 둘 다 50점 정도인가 보네'란 생각을 할 것이다. 그게 아니라면 '수학은 잘하는데 국어는 잘 못하나 보네'라고 생각할 수 있다. 평균적으로 평범하다고 해서 모든 게 평범하진 않다.

삶의 평균이 무난하다고 해서 언제나 평탄한 삶을 살았다곤 볼 수 없다. 수학을 0점 맞은 사람이 50점인 사람처럼 보이듯 현재 누군가의 일상이 멋지다고 해서 항상 그런 삶을 살았다고 볼 수 없는 것이다. 부유한 자산가라고 해도 한순간의 실패로 가진 걸 모두 잃어버렸다는 기사도 심심찮게 볼 수 있다.

인생을 살면서 배운 것 중 하나가 '현재의 모습으로 그 사람 전부를 판단하지 말아야 한다'는 것이다. 과거가 쌓여 현재를 이루는 것은 사실이다. 그러나 현재의 모습으로 타인의 과거를 넘겨짚는 것도 위험한 행동이다.

현재 다소 볼품없고 낮은 위치에 있어도 성실하게 매일을 살아가는 사람이 있다. 반면 부유하고 멋진 차를 몰아도 무례함이 배어 있는 사람도 존재한다. 한때 후자에 속한 사람들이 가진 부가 부러웠던 적도 있었다. 그들과 어울리다 보면 그들이 소유한 것, 이룬 것들이 내게도 오지 않을까 하는 생각도 했었다. 하지만 그들과 나는 점점 멀어져만 갔다. 찰나의 순간 그들이 했던 무례한 말과 행동들. 그것이 그들과 멀어졌던 이유였다.

시간이 조금 더 지나자 그들과 나의 처지를 비교하며 비관에 빠지기도 했다. 내가 별로라고 생각했던 이들은 여전히 잘 살고 있는데, 정작 내 삶은 어떤가를 돌아봤을 때 내가 봐도 스스로가 한심해 보이는 날들이 이어졌다. '어쩌면 나의 눈이 틀렸던 건 아닐까', '그들이 옳고 내가 지금까지 잘못 살아왔던 건 아닐까'란 생각들을 떨쳐낼 수 없었다. 날씨가 화창한 날에도 내 주변은 온통 먹구름만이 가득했던 날들이었다. 이제는 안다. 그런 시기는 누구에게나 갑작스레 찾아온다는 걸. 그 시기가 힘든 건 언제 그 시기가 지나갈지 모르기 때문이라는 걸. 힘든 시간을 버티다 보면 어느 순간 나아갈 길이 선명하게 보인다.

최악의 상황을 상정하고 철저히 대비한다고 해서 피할 수 있다는 보장은 없다. 그런데도 우리는 결과가 좋지 않으면 그것을 예측하지 못한 자신을 자책한다. 장마철임에도 일기예보를 확인하지 않고 나갔다가 비를 맞은 건 그 사람의 잘못이다. 하지만 일기예보에도 비 소식이 없어서 우산을 챙기지 않았다가 갑자기 비가 와서 옷이 젖은 걸 그 사람의 잘못이라 말할 수 있을까? 인생이 계획대로 흘러간다면 가장 좋겠지만 그렇지 않기 때문에 어떤 선택 이후에 스트레스를 받기도 한다.

그럴 땐 스스로를 출항한 배라고 생각해보자. 잔잔하기만 하던 하늘이 어느 순간 흐려지고 폭풍우가 불어닥칠 때 머릿속엔 '내가 오늘 왜 이곳에 왔을까'란 생각이 맴돌 것이다. 그런 상황에서 당장 해야 할 것은 후회가 아니라 그 상황을 벗어나기 위한 방법을 고민하고 행동으로 옮기는 것이다.

파도에 배가 흔들리는 게 배의 잘못은 아니다. 배가 흔들리고 좌초될 것 같은 상황에서 몰아치는 파도를 원망한들 무엇이 달라지겠는가. 파도를 원망하지도, 그 배를 탄 자신의 선택을 자책하지도 말자. 그 순간 당신이 할 수 있는 것에만 집중한 채 하나씩 행동한다면 그날 또한 언젠가 당신의 무용담 중 하나가 될 테니까 말이다.

변화를 겪으며
사람은 성숙해진다

한 해가 지날 때마다 '한 것도 없는데 왜 벌써 이 나이가 되었나'라는 생각이 찾아든다. 어린 시절, 나중에 어떻게 살고 싶냐는 어른들의 물음에 나는 돈을 많이 벌어 행복하게 살 거라고 답했다. 그 말이 이렇게나 쉽지 않을 줄은 그땐 몰랐다. 어쩌면 경험해보지 않아서 그런 말들을 쉽게 할 수 있었지 않았나 싶다.

그렇게 성인이 되고 나서 어느 순간부터 내 일상엔 조금씩 변화가 생기기 시작했다. 또한 다른 사람들과 대화를 하면서 그런 변화들이 나에게만 일어나는 게 아니란 것도 알게 되었다. 시기는 제각각이지만 대부분의 사람은 그러한 변화를 겪었거나 이미 겪는 중이었다.

그중에서 가장 첫 번째로 체감한 변화는 '인간관계의 축소'였다. 할 일은 많은데 체력과 여유가 조금씩 줄어드는 게 느껴지다 보니 혼자만의 시간을 확보하는 것이 전보다 훨씬 더 중요해졌다. 사람들과의 관계에 대해 '내가 이 사람을 꼭 만나야 할까?'라는 고민을 하는 날이 잦아졌다. 그러면서 몰랐던 나 또는 상대의 모습들을 마주하게 되었고 하나둘씩 관계를 정리하기 시작했다.

한쪽의 실수로 관계를 정리한 적도 있었지만 상황이 변하면서 자연스레 멀어지는 경우도 있었다. 이런 경험을 통해 사람에겐 각자만의 결이 있다는 것, 결이 맞지 않으면 어떤 식으로든 멀어지게 된다는 걸 알게 되었다. 처음엔 의아했지만 결이 다른 사람들을 억지로 곁에 붙잡아 두었을 때 더욱 힘들어진다는 걸 몇 번 겪고 난 후에야 비로소 받아들일 수 있었다.

그다음은 '삶을 대하는 태도'였다. 원하던 것을 위해 달려 나가던 과거와 달리 현실을 받아들여야 하는 시기가 있다. 이 때 사람들은 크게 2가지 중 하나를 선택한다. 꿈을 좇거나 안정된 삶을 살아가거나.

하나의 선택을 하는 순간, 다른 선택을 한 사람과는 쉽게 어울리지 못하게 된다. 왜냐하면 똑같은 현상을 보더라도 사고하는 방식이 달라지기 때문이다. 안정을 선택한 사람들에게 '꿈을 좇는 이'의 행동은 철없는 아이처럼 보이기 쉽다. 반대로 꿈을 좇는 사람들에게 '안정된 삶을 사는 이'들은 현실에 굴복한 겁쟁이처럼 보일 때가 있다. 이런 생각 차이 때문에 깊은 관계로 발전하기엔 힘든 부분도 분명 존재한다.

어린 시절에 어른들을 보며 멋지다고 생각한 건 그들이 풍기는 성숙한 분위기 때문이었다. 하지만 시간이 지난 지금 내가 느끼는 건 어른이라 여겼던 그들 또한 여전히 내면에 순수함을 지니고 있다는 것이다. 변화를 겪으며 사람은 전보다 성숙해진다. 그렇지만 성장한 그들조차 여전히 어리고 부족한 면이 많다. 나이와 관계없이 사람은 내면에 어린 시절의 순수함을 가지고 있다. 성인이 되었다고 해서 어떻게 바로 어른이 될 수 있겠는가. 사람을 만나고 멀어지고, 나만의 결과 삶을 대하는 태도를 만들어가는 과정에 있는 것이다. 이러한 모든 변화 속에서 우리는 모두 순수함을 간직한 채 각자의 삶을 위해 부단히 애쓰고 있다는 사실을 기억하자.

당신이
걸어온 길은
거짓말하지 않는다

지금 내 삶이 썩 나쁘지 않아도 문득 '나는 잘하고 있는 걸까'라는 생각이 머릿속을 맴돌 때가 있다. 나 또한 그랬다. 안정된 직장생활과 워라밸, 혼자만의 시간과 공간의 확보, 하고 싶은 것을 하는 시간, 꾸준한 자기관리 등. 걱정할 것이라곤 없는 상황에서도 문득 찾아드는 막연한 불안감에 일상이 흔들리곤했다.

그럴 때마다 빠르게 다시 일상으로 돌아올 수 있었던 방법은 이러했다. 불안한 이유에 대해 깊게 생각해보고, 현재 불안의 원인을 실천으로 조금씩 지워나간 게 컸다. 가장 먼저 가장 스스로에게 안정감을 주었던 건 과거 내 행동들로 인해 불안하다는 걸 받아들인 것이었다.

과거의 나는 매사 의욕 부족이었다. 하고 싶은 게 없었고 해외여행조차 한번 간 적이 없었다. '남들만큼만 하자'라는 생각으로 모든 면에서 적당히 행동했고, 남는 시간엔 침대에서 하루 종일 뒹굴거리며 쉬었다.

지금은 많이 달라졌다. 내가 달라졌다고 자신 있게 말할 수 있는 이유는 막연히 '열심히 살고 있어'라는 태도에서 나아가 다른 삶을 살기 위해 행동하고 있기 때문이다. 건강을 위해 출근 전 조깅을 하거나 식단에도 신경을 쓰고 있다. 퇴근 후에도 원하는 삶을 살기 위해 글을 쓰거나 책을 읽는 데 1시간 이상을 투자하고 있다.

이런 얘기를 하면 대부분 '대단하다', '부럽다'고 말한다. 하지만 이런 말들을 들으면 오히려 부끄러운 감정이 든다. 왜냐하면 내 시선에서 그들은 이미 나보다 훨씬 오래전부터 치열하게 삶을 살아왔기 때문이다. 그들은 이미 열심히 살았고 그에 대한 보상을 누리고 있는 반면, 나는 이제야 열심히 살기 위해 노력하고 있다. 이제는 조금 여유를 가져도 될 상황임에도 좀 더 생산적인 삶을 살기 위해 또 다른 무언가를 찾고 있는 사람들. 그들이 내게 건네는 칭찬이 부끄러운 이유이다.

자신이 걸어온 삶은 결코 거짓말을 하지 않는다. 운의 차이는 있겠지만 치열하게 매 순간을 살다 보면 언젠간 그에 상응하는 보답을 받는다. 무언가를 얻기 위해 일정한 시간을 꾸준히 쏟으면 좋은 결과를 얻을 수 있는 건 당연한 사실이다.

현재 삶이 불만족스럽다고 해서 변명하거나 남 탓을 하는 건 별 도움이 되지 않는다. 만족할 만큼 돈이 없는 건 그만큼 일하지 않았거나 관리에 소홀했기 때문이다. 곁에 좋은 사람이 없다고 느끼는 건 그런 사람이 있어도 보지 못한 것일 수도 있다. 현재 불만인 상황에 대해 객관적으로 바라보면, 원인은 대부분 자신의 선택에서 비롯된 것임을 알 수 있다. 문득 내가 올바른 길로 가고 있는 것인지 불안할 때, 내가 한 과거의 선택이 후회스러울 때가 분명 찾아온다. 그럴 때는 그것을 계기로 다시 한번 삶을 정돈해보면서 막연하게 비어 있는 곳이 있다면 실천할 것들로 채워나가자. 당신이 보내고 있는 일상을 돌이켜봤을 때 뒤를 보는 시간보다 앞을 보는 시간이 더욱 많아지기를 바란다.

삶에서
'절대'라는 것이 없는 이유

어떤 사람이든 반드시 지켜야 하는 자신만의 기준을 하나쯤 가지고 있다. 하지만 건강상태나 급변하는 상황, 사람에 따라 그러한 기준이 한순간에 무너지는 걸 수없이 봐왔다. 과연 우리의 삶에서 '절대'라는 것은 정말로 존재하는 것일까.

집에서 한가롭게 쉬던 중 문자가 왔다. 보이스피싱에 주의하라는 내용이었다. '요즘 같은 세상에 누가 이런 걸 속아'라는 생각이 가장 먼저 들었다. 하지만 얼마 후에 주변에서 보이스

피싱을 당했다는 얘기를 들었다. 뻔한 수법이지만 여전히 피해를 입는 사람들은 생겨나고 있다. 그 이유를 당한 사람들이 어리석고 멍청해서라고 할 수 있을까. 평소 같았으면 그런 수법에 절대 넘어가지 않겠지만 힘든 상황에서는 판단력도 흐려지다 보니 이런 사기에도 속게 되는 것이다.

유독 '절대', '다시는', '죽어도'와 같은 뉘앙스의 말을 자주 쓰는 사람들이 있다. 이들은 특정한 부분에서 매우 뚜렷한 주관을 갖고 있다. 다른 면에선 융통성을 보이지만 중요하게 생각하는 부분에선 약간의 타협조차 고려하지 않을 때가 많다.

재미있는 건 이들이 종종 자신이 말했던 것과 정반대로 행동하곤 한다는 것이다. 힘든 이별을 겪은 후 '다시는 누굴 만나지 않겠다'라고 했다가 한 달 만에 다른 사람을 만나기도 한다. '지금과 똑같은 일은 절대 안 해'라고 말하며 퇴사를 하고 나서 몇 달 만에 다시 그 일을 하기도 한다. 그들에게 자신이 한 말을 지켜낼 의지가 부족한 것일까?

아마 그 말을 했을 때만 해도 그들의 생각은 변함없었을 것이다. 어떤 부분에 대해 확고한 신념을 가진 사람일수록 그렇게 생각하게 된 특별한 순간이 있는 경우가 많았다. 가치관은 매체나 특정한 인물을 통해서도 만들어지지만 직접 경험한 것에서 생겨난 것일수록 내면에 훨씬 더 단단히 뿌리박힌다.

그러나 변하지 않을 것이라 장담하던 생각도 정반대의 경험으로 서서히 달라지기도 한다. 특히 살아가면서 큰 상처가 된 경험이 있다면 그것이 마음에 '절대'라는 제약을 만들기도 한다. 다시는 상처받기 싫다는 생각 때문에 먼저 '절대'라는 선을 그어버리는 것이다. 하지만 상처를 준 사람이 있다면 그것을 아물게 할 사람도 있다. 학창 시절 괴롭힘을 당했던 기억 때문에 성인이 된 후에 아무도 믿지 못하고 힘든 일상을 보내고 있는 사람의 곁에 그를 따뜻하게 돌봐주는 사람이 있다고 해보자. 한순간에 바뀌긴 힘들어도 그 사람 덕분에 마음속 깊이 생긴 상처가 조금씩 아물기도 한다.

누군가를 사랑하지 않겠다고 다짐했다는 건 그 사람에게 커다란 아픔을 준 사람이 있다는 것이다. 사람을 쉽게 믿지 않는 사람은 과거에 자신이 믿었던 누군가에게 배신당하거나 그와 비슷한 경험이 있었을 가능성이 높다. 부정적인 믿음이 강하다는 건 그러한 믿음의 바탕을 긍정적으로 치환하는 경험을 아직 하지 못한 것이다.

삶에 '절대'라는 건 없다. 지금 당신이 절대로 이루어질 수 없다고 생각하는 그 무언가가 당장 내일 이루어질지도 모른다. 확률이 아주 낮다는 건 희박하긴 해도 이루어질 가능성은 있다는 것이다. 여태까지 어떤 경험을 하지 않았다는 이유로 앞으로도 그 일들이 일어나지 않을 거라고 장담한다면 그건 당신의 착각이다. 내가 이렇게 자신 있게 말하는 이유는 '절대 그런 건 하지 않을 거야'라고 말했던 사람들이 그와 반대로 행동하는 걸 수도 없이 봐왔기 때문이다.

쉽게 넘겨짚거나 예측하는 것보다 닥친 상황에 적절하게 대응하는 게 훨씬 효과적이고 현명한 방법이다. 지레짐작을 하는 순간부터 그게 무엇이 되었든 당신이 상상한 대로 흘러갈 확률이 높다. 왜냐하면 이미 '그렇게 될 것이다'라는 결론을 내렸기 때문에 자신도 모르게 '그렇게 하려고' 할 테니까 말이다.

지금 이 순간에도 과거에 입은 상처 때문에 고통스러워하는 사람이 있을 것이다. 그들에게 말해주고 싶다. 점점 괜찮아질 거라고. 지금은 아파도 시간이 흐르면서 조금씩 아물게 될 거라고. 아직 만나지 못한 좋은 사람들이 세상엔 훨씬 더 많다고 말이다.

삶은 알려줄 뿐
느끼는 건
우리의 몫이다

나는 어렸을 때부터 어떤 일을 '왜 해야 하는지' 그 이유를 고민하기보다는 시키는 대로 해왔다. 뭘 하고 싶은지도 모른 채 살다가 대학에 입학하는 순간, 꿈과 목표가 있어야 한다는 말에 얼떨결에 전공을 선택하고 관련 직업을 골라 관련 자격증을 취득했다. 그렇게 나만의 의지는 없는 채로 살아오면서 실제로 경험하는 일이 생각과는 너무나 달라 좌절할 때가 많았다. 그리고 이러한 경험을 한 사람들이 나 말고도 많다는 걸 알게 되었다. 더욱 안타까운 건 그 사실을 깨달은 후에도 여전히 과거와 비슷한 삶을 사는 사람들이 많다는 것이다.

자신이 좋아하는 것, 잘하는 것 2가지 모두를 충족하는 일을 하며 사는 건 극소수의 사람들이다. 대부분의 사람은 2가지 중 자신이 더 중요하게 생각하는 쪽을 업으로 삼고, 남는 시간엔 선택하지 않은 쪽을 취미로 하며 일상을 보낸다. 컴퓨터에 재능이 있는 사람이 프로그래머를 업으로 삼고 퇴근 후엔 취미로 그림을 그리거나 화가가 본업인 사람이 취미로 시작한 복싱에서 두각을 드러내 대회에서 좋은 성적을 얻는 경우도 있다.

요즘 들어 자기만의 취미를 즐기는 사람도 흔치 않다는 걸 느낀다. 보통 우리는 일을 마친 후나 쉬는 날에 취미로 책을 읽거나, 운동을 하거나, 공연을 보거나, 무언가를 배운다. 모임을 통해 이런 일들을 여럿이서 함께 하기도 한다. 하지만 오로지 좋아서, 취미로만 한다기보다는 필요에 의해서 또, 자신이 무엇을 좋아하는지 찾아가는 과정으로 이러한 활동을 하는 사람들이 대부분이었다. 또, 모임 그 자체가 좋아서 지속하는 사람들이나 새로운 도전과 사람들과의 교류를 통해 자신이 정말로 좋아하는 것 또는 하고 싶은 것을 찾아가는 단계에 있는 사람들도 많았다. 좋아하는 걸 아직 찾지 못했다는 것은 중요치 않다. 자신의 삶 속에서 좋아하는 걸 찾아나섰다는 자체가 대단한 것이다.

생각만 많은 것보다는 실제로 무언가를 해보는 게 더 많은 것을 느끼게 해준다. '나 그거 하려고 했었어'는 누구나 할 수 있는 말이지만 '나 그거 하는 중이야'라는 말은 하기 어렵다. 해보지 않았으면서 상상과 추측만으로 무언가를 해본 것처럼 말하는 사람들과는 거리를 두는 편이다. 왜냐하면 그러한 부류의 사람들은 실천의 어려움과 가치에 대해 좀처럼 이해하지 못하는 경우가 많기 때문이다.

생각을 행동으로 옮기는 건 어렵다. 하지만 그것이 전보다 수월해지면 그다음을 생각할 수 있게 된다. 바로 자신의 행동이 어떤 의미로 해석될 수 있는지, 그것으로 인해 어떤 결과가 초래되는지 또한 고려할 수 있게 되는 것이다.

추측만 하는 것이 아니라 행동하고 그다음을 예상할 수 있는 것. 더 나아가 자신의 행동을 돌아보고 왜 그렇게 행동했는지 이유를 깊게 생각해보는 것. 이 과정을 계속해서 되풀이하는 사람들이야말로 '인생에서 무엇이 중요한지 깨달은 사람들'이라 할 수 있다.

같은 일을 여러 번 반복해서 하다 보면 처음보다는 확실히 나아진다. 잘하는 경지에도 오를 수 있다. 하지만 인생은 다르다. 여러 번 반복해서 겪는 일이라도 서투를 수 있다. 나이를 먹는다고 해서 모두가 어른다운 것은 아니며, 수백 번 좋은 강연을 듣더라도 자신의 삶과 비추어 생각하지 않고 기존에 가지고 있던 생각만을 고집하는 사람도 있다. 반면 어린데도 성숙함이 넘치거나 중학교를 겨우 졸업했음에도 사람들의 가슴을 울리는 말들을 쏟아내는 사람도 있다.

이 말은 무엇일까. 인생에서 중요한 것들은 오래 살았다고 해서 반드시 배우는 건 아니라는 것이다. 정답을 들어도 본인이 그것을 정답이라 느끼지 못하면 매번 답을 찾느라 허덕이게 된다. 자신이 어떻게 행복해질 수 있었는지를 말하는 영상은 많다. 그러나 그 영상을 보고 나서 전보다 더 행복한 일상을 보내는 사람이 과연 몇이나 되겠는가.

행복해지는 방법, 정말로 좋은 사람이 어떤 사람인지 구분하는 방법, 가족들과 사이좋게 지내는 방법을 모르는 사람은 없다. 그렇지만 여전히 세상엔 그와 같은 문제로 힘들어하는 사람이 너무나도 많다. 왜 그런 것일까?

이에 대한 내 대답은 '알면서도 하지 않고 있어서'이다. 답으로 향하는 길, 그러한 길을 미리 걷고 안내해주는 사람들은 수없이 많다. 그렇지만 대부분의 사람은 그 길을 가지 않는다. 몰라서가 아니다. 그 길이 자신에게 익숙하지 않기 때문이다. 행복하지 않다는 생각도 마찬가지다. 주변에 행복한 것들이 있어도 스스로 그것을 행복이라고 인식하지 않기 때문이다.

삶에서 중요한 것들은 타인에게 의존하거나 남들의 입을 통해 받아들일 수 없다. 자신에게 소중한 게 어떤 것인지 인식하는 것 정도는 타인을 통해서도 가능하다. 하지만 그것은 어디까지나 계기일 뿐 자신에게 정말로 소중한 게 무엇인지 깨닫는 건 오로지 스스로 결정할 뿐이다.

누군가에게는 그것을 깨닫는 과정이 굉장히 힘들고 괴로울 수도 있다. 그러나 틀을 깨고 자신이 정말로 원하는 게 무엇인지를 알게 된다면, 이전과는 전혀 다른 삶을 살 수 있게 된다. 정말로 행복한 하루를 보내며 진심에서 우러나오는 웃음을 지으며 살 수 있다.

내가 오르고 싶은 산에 오른다.
누군가 다른 산이 더 멋지다 말한다 해도,
다른 산이 더 쉽다고 말한다 해도 현혹되지 않는다.
목표에 이르기 위해 열정을 쏟는 사람도 나고,
그 선택에 책임을 지는 사람도 오직 나다.

- 파울로 코엘료

간절히 무언가를 믿고 계속해서 행동한다면
어떤 식으로든 반드시 빛을 보게 된다.
간절히 원하는 바를 위해 한 발자국 앞으로 나아가고자 하는
용기를 진심으로 응원한다.

2장

버틸 것인가,
성장할 것인가
일하는 마음

살면서
한 번쯤은
모든 것을 바쳐야 한다

나이를 먹을수록 더 많은 것들을 할 수 있는 동시에 잃어버리는 것들 또한 많아진다. 사람마다 다르겠지만 개인적으로는 나이를 먹는 게 썩 나쁘지 않다. 물론 책임져야 할 것들이 많아지다 보니 가끔 버겁다는 생각이 들 때도 있다. 하지만 어깨 위에 놓인 것들에 충실할수록 돌아오는 보상 또한 크다는 걸 경험하고 있다. 좋은 사람들과 사랑을 주고받을수록 정서적으로 건강해진다. 자신의 업에 착실하면 자연스럽게 더 많은 부를 축적하게 된다. 왜 자신의 삶에 최선을 다해야 하는지에 대한 이유를 여실히 느낀다.

　무언가를 시작하면 그것 외에는 다른 것들을 크게 우선순위에 두지 않고 사는 사람이 있다. 한번 꽂히면 자신의 마음에 들기 전까진 밥도 먹지 않고 할 일을 하다가 마무리를 지은 후에야 잠자리에 드는 그런 사람들. 보는 사람으로 하여금 '참 독하다'라거나 '쟤는 뭘 해도 성공할 거야'라는 생각이 절로 들게 만드는 그들은 어떻게 그런 행동들을 하는 것일까?

　자신이 몸담고 있는 분야에서 인정받는 사람들에겐 크게 2가지 공통점이 있다. 하나는 '자신의 일을 진심으로 즐긴다'는 것이고, 또 다른 하나는 '독하다'는 것이다. 또한 일에 있어서 선택의 근거는 크게 '좋아하는 것'과 '잘할 수 있는 것', 이 2가지로 나뉜다. 내가 그 일을 좋아하는지와 그 일을 잘할 수 있는지.

　어떤 일을 하든 좋아하는 마음이 그 시작점이어야 오랫동안 할 수 있다. '독하다'는 말을 들을 정도로 대상에 몰두하고 집중하면서 행복하다고 느끼는 건 대상을 좋아하는 마음이 있어야 가능한 것이다. 좋아하는 마음이 없으면 사람은 결코 독해질 수 없다. 독하다는 건 '각오가 있다'는 것이며, 각오가 있다는 건 이루고 싶은 걸 위해 '모든 걸 바칠 마음이 있다'는 것이다. 독한 사람들은 자신이 이루고자 하는 것을 위해 자신의 시간과 에너지를 아끼지 않는다.

종종 독하지 않아도 원하는 걸 갖는 사람들이 있다. 노력에 비해 많은 걸 얻는다는 건 기분 좋은 일이다. 하지만 그건 어디까지나 우연일 뿐이다. 그 운 또한 지금까지 열심히 살아왔었기에 따라오는 것이다. 결국 지금까지 운이 좋았다는 건 스스로 해온 행동들 덕분이다. 운만 믿고 무언갈 하지 않으면 운도 곧 사라져버린다.

사람들은 성공한 사람들을 부러워하고 그 비결이 뭔지 궁금해하지만 그 뒤에 보이지 않는 엄청난 노력과 독한 모습까진 생각하지 않는다. 성공한 사람들의 여유로움 뒤엔 독함이 있다. 여기서 기억해야 할 것은, 이 글을 읽는 당신도 독한 면을 갖고 있다는 것이다. 생각해보라. 매일 똑같은 시간에 일어나 회사로 출근하고, 목표를 위해 공부하고, 자신의 자리에서 할 일을 하며 사는 게 어디 쉬운 일인가. 저마다 어느 정도의 독함을 지니고 있는 우리가 그를 통해 좋아하는 일을 독하게 지속할 수 있으려면, 그러한 인생의 태도를 지니려면 선행되어야 할 것이 있다. 자신이 어떤 사람인지, 무엇을 바라고 있는지, 오늘의 나와 내일의 나는 어떤 변화를 이루기를 원하는지 생각해보는 것이다.

이때 스스로 생각한 것보다 자신이 별로라고 느껴질 수도 있다. 이미 좋아하는 일을 독하게 지속하며, 인정받는 사람들과 비교될 수도 있다. 그것을 받아들이는 일이 가혹하게 느껴질 수도 있다. 그렇기에 대부분의 사람은 자신의 좋은 면만을 보고 그것만이 온전한 나라고 믿는다. 하지만 내가 원하는 것을 이루려면 무엇이 달라져야 하는지 마주해야 한다. 그러면 앞으로 어떻게 살 것인지 각오가 생겨난다. 그렇게 내 삶과 나 자신에 대한 정돈을 마쳐야 내가 온전히 좋아하는 무언가를 발견할 수 있다. 그것에 독하게 모든 것을 바치면 된다.

원하는 것을 얻고 싶다면 해야 할 일은 단순하고 명확하다. 이루고자 하는 것에 시간을 투자하면 된다. 이 말은 현재 당신이 누릴 수 있는 행복들을 내려놓는 걸 의미한다. 퇴근 후 침대에 누워 있는 시간, 주말에 친구들과 만나는 시간, 유튜브를 보는 시간 등 말이다. 하지만 대부분의 사람이 그것을 쉽게 내려놓지 못한다. 그때 가장 많이 하는 말이 하나 있다.

"왜 이렇게 시간이 없을까!"

누구나 똑같은 하루를 보내지만 이루어내는 결과는 천차만별이다. 당신이 그 이유를 곰곰이 생각해본다면 적어도 시간이 없다는 말은 쉽게 할 수 없을 것이다. 현재의 행복을 누리며 살지, 아니면 지금보다 더 많은 것을 얻기 위해 잠시 내려놓을지는 오로지 당신의 선택에 달려 있다.

성장하는 사람은
실수에서 배움을 찾는다

살면서 실수를 단 한 번도 하지 않은 사람이 있을까. 누구나 실수를 하지만 대응하는 방식은 저마다 다르다. 그러려니 하고 넘어가는 사람도 있지만 심하게 자책하는 사람도 있다. 우리는 종종 자신과 가까운 사람이 큰 실수를 저질렀을 때 이렇게 말한다.

"괜찮아. 그럴 수도 있지, 뭐."

과연 이 말은 정말로 괜찮다는 것일까, 아니면 괜찮은 척하는 것일까. 누군가를 골탕 먹이기 위함이 아닌 이상 일부러 실수하는 사람은 없다. 실수는 말 그대로 실수라는 것이다. 하지만 요즘에는 점점 실수에 대해서 엄격하게 반응하는 사람들이 많아지고 있다. 조금이라도 이해하려는 마음 없이 마치 '난 그런 실수 따위 절대 하지 않아'라고 생각하는 듯하다.

우리가 지금 당연하게 하고 있는 것들은 수십, 수백 번의 실수를 거쳐 익숙해진 것들이다. 밥을 먹는 것, 걷는 것, 뛰는 것을 태어나면서부터 잘하는 사람은 없다. 넘어지고, 다치고, 때로는 좌절하고 울기도 하면서 체득한 것들이다.

나 또한 완벽함보단 허술한 부분이 많은 사람이다. 그래서 누군가 실수를 하면 그것을 지적하기보다 '그럴 수 있겠다'라는 생각이 먼저 떠오른다. 지난번에 얘기한 걸 잊어버려도 "내가 저번에 얘기했잖아"와 같은 말로 지적하기보다는 한 번 더 설명해준다. 상대방의 마음을 불편하게 만들어서 서로에게 좋을 것이 없기 때문이다.

실수하지 않는 사람은 없다. 실수를 지적하는 사람 또한 실수를 저지른다. 물론 누구나 실수를 한다고 해서 실수를 저지른 사람을 무조건 용서해야 한다는 건 아니다. 반복해서 실수하고 여러 번 지적받았음에도 똑같은 실수를 저지르는 건 분명 잘못된 일이다. 하지만 자신만의 기준을 타인에게 요구하고 그게 정답이라는 듯이 고집한다면 같이 일하기 힘든 사람이 될 뿐이다.

실수하지 않는 것보다 중요한 게 있다. 나 또한 실수할 수 있다고 생각해보는 것이다. 그래야 타인의 실수도 너그럽게 용서할 수 있다. 매사에 열정이 있는 건 좋지만 모든 일을 완벽하게 해내야 한다고 생각하는 건 스스로를 불행하게 만든다. 오히려 조금은 힘을 빼고 살아야 더 행복할 뿐만 아니라 일, 인간관계, 자기관리 등 모든 면에서 훨씬 좋은 결과를 만들 수 있다.

힘을 주는 것도 어렵지만 빼는 게 훨씬 어렵다. 매사 온몸에 잔뜩 힘을 준 채로 살다 보면 언젠간 제풀에 지쳐 쓰러지게 된다. 비난받지 않기 위해 긴장의 끈을 놓지 않은 채 평생을 산다는 건 불가능하다. 혹시나 실수할까 노심초사하며 살기보다 실수를 해도 배우는 게 있다고 여기며 조금은 힘을 뺀 채 살아 보는 건 어떨까. 그만큼 미처 몰랐던 일상 속 여유와 행복이 당 신에게 스며들 것이다. 그만큼 한 뼘 더 성장할 것이다.

좋아하니까
질리더라도 할 수 있다

카페에서 즐기는 커피 한 잔, 맛있는 식사, 예쁜 옷과 신발. 세상엔 무수히 많은 재화가 존재하며 그것들은 제각각의 가치를 지니고 있다. 우리는 무언가를 소비하면서 가치에 대한 대가로 돈을 지불하고, 지불할 돈을 벌기 위해 다양한 일을 하며 살아간다. 사람마다 어떤 일을 하기로 결심하는 이유는 크게 보면 2가지다. 그 일을 좋아하는지, 아니면 잘하는지. 직장을 다니고 있는 사람이라면 이 주제에 대해 생각해본 적이 있을 것이다.

최근 사람들과 만나 대화를 하던 도중 이 주제로 대화를 한 적이 있다. 잘하는 일과 좋아하는 일 중 무엇을 할 것이냐는 질문에, 5명 중 4명이 '자신이 잘할 수 있는 일'을 하고 싶다고 말했다. 그렇게 선택한 이유는 다양했다. 자신이 잘할 수 있는 일을 하다 보면 자연스럽게 그 일을 좋아할 수도 있겠다는 의견도 있었고, 잘하는 것을 본업으로 하고 좋아하는 것은 부업이나 취미로 하면 더 좋겠다고 말한 사람도 있었다. 좋아하는 게 일이 되면 질리거나 싫어질까봐 두렵다고 말하는 사람도 있었다.

나는 앞서 말한 의견과는 조금 다른 입장이었다. 왜냐하면 무언가에 재능이 있지만 그것에 흥미가 없어 금방 포기하는 사람들 또한 여럿 봐왔기 때문이다. 반면 잘하진 않지만 좋아했기 때문에 꾸준히 하다 보니 잘하게 되는 사람들도 많았다. '재능이 있으니 금방 실력이 느는 게 아니냐'라고 하는 사람도 있겠지만 그 분야에 재능이 있다는 걸 알게 된 것도 그것을 좋아해서 시도했기 때문이 아니겠는가.

자신이 좋아하는 일을 해야 한다고 생각하는 이유는 '무한한 발전'과 '좌절의 극복', 이 2가지 때문이다. 먼저 '무한한 발전'이란 좋아하는 것을 하면 스스로 한계를 설정하지 않고 끝없이 발전할 수 있다.

흥미는 없지만 잘하는 걸 일로 하게 되면 일 외적으로 그것을 떠올리는 시간은 현저히 줄어든다. 즉, 단순히 돈을 벌기 위해서만 자신이 가진 재능을 사용하는 것이다. 그 능력을 활용해 다른 방향으로도 응용하는 게 아니라 출근해서 퇴근할 때까지 일을 하는 데에만 재능을 소모한다고 생각해보라. 얼마나 아까운가!

무언가에 흥미가 생기면 한 방향으로만 생각하지 않는다. 말도 안 되는 상상까지 하면서 어떻게 하면 더 즐길 수 있을지 고민하게 된다. 그러다 기막힌 아이디어가 떠오르면, 이전엔 상상도 하지 못했던 부를 가져다주는 일이 벌어지기도 한다. 한계를 생각하지 않기 때문에 무한히 발전할 수 있게 된다. 그것이 반복되다 보면 기존과는 다른 삶을 살 수 있는 기회를 찾기도 하는 것이다.

좋아하는 일을 해야 한다고 생각하는 두 번째 이유는, '좌절의 극복'이다. 좋아하는 걸 하면 힘든 일이 생겨도 그렇지 않을 때보다 이겨낼 수 있는 힘이 생긴다.

삶은 불현듯 우리에게 크고 작은 시련을 건네준다. 인간관계, 건강, 사랑, 경제적인 문제 등과 관련된 시련은, 또 다른 요소와 연결되어 쉽게 그것이 해결될 수 없게 만들기도 한다. 가족 중 누군가가 아파서(건강) 막대한 병원비 지출이 발생하고(경제적인 문제), 그것을 감당하기 위해 무리하던 중 자신이 사랑하는 사람에게 상처를 주는 것(사랑)처럼 말이다.

힘든 상황과 마주하면 사람들은 안정을 찾기 위해 평소보다 훨씬 자신이 평소 좋아하는 것에 의존하려고 한다. 좋아하는 것을 하면서 그때라도 쌓인 스트레스를 잊어버리려고 한다. 이런 상황에서 좋아하지도 않는 일을 억지로 해야만 한다고 상상해보라. 머릿속엔 '내가 지금 여기서 뭘 하고 있지?'라는 의문이 맴돌 것이다. 물론 재능이 있다면 그러한 상황에서도 효율적으로 일 처리를 하겠지만 꼭 그 일이 아니라 다른 일을 해도 별반 다르지 않을 것이다.

그럼 반대로 좋아하는 일을 한다면 어떨까. 적어도 하기 싫은 걸 억지로 하는 것보다는 스트레스를 풀 수 있을 것이다. 오히려 힘든 상황들을 잊기 위해 더 집중하다 보면 전보다 실력이 늘어날 가능성도 높아진다. 예전엔 생각만 하던 것에 도전할 수도 있고, 그로 인해 현재의 부정적인 상황을 타파할 계기가 생겨나는 경우도 발생한다.

많은 사람이 좋아하는 일이 있지만 막상 그게 생업이 되면 질릴까봐 두렵다고 말한다. 하지만 정말 좋아하는 일을 해본 사람은 알 것이다. 잠시 질릴 수 있어도 결국엔 다시 그것을 하게 된다는 걸 말이다. 당신이 꿈에 그리던 이상형과 연인이 되었다고 상상해보라. 시간이 흐르면 처음 같은 열정은 아니어도 상대를 사랑하는 마음이 더 깊어질 수도 있다.

물론 사람과 일을 대하는 마음은 다르다. 하지만 대상에 대해 좋아하는 감정이 클수록 그것을 질려한다는 건 불가능에 가까워진다. 나 또한 글쓰기를 좋아해서 현재 2년 동안 주에 2-3편의 글을 쓰지만 크게 질리지 않고 있다. 물론 글을 쓸 때마다 항상 즐겁지만은 않고 집중이 잘되지 않는 날도 있다. 그럼에도 불구하고 계속 글을 쓰는 이유는 간단하다. 글을 쓰는 게 좋고 행복하기 때문이다.

잘할 수 있는 일을 선택한 사람들의 의견도 존중한다. 대부분의 추상적인 문제들에 명확한 정답이란 존재하지 않기 때문이다. 다만 한 가지 분명한 건 정말로 좋아하는 것이 생긴 이후부터 똑같던 일상이 달라졌음을 느끼고 있다. 아마 당신도 정말 좋아하는 것이 분명 있을 것이다. 시간이 지나서 그게 무엇인지 알게 된 후 지금 이 글에 공감하게 된다면 그것만으로도 나는 충분히 행복해질 것이다.

'당신만의 불꽃'은
무엇인가

디즈니 영화 〈소울〉은 피아니스트로 성공을 꿈꾸던 한 남자가 길을 걷던 중 맨홀에 빠져 어이없는 죽음을 맞이하며 시작한다. 이 영화는 보고 나면 삶의 꿈이나 목적에 대해 많은 생각을 하게 만든다. 이 영화에서 내 마음을 건드린 부분은 누구나 '자신만의 불꽃'이 있다는 것이다. 누군가에겐 음악이, 또 다른 누군가에겐 운동이, 다른 이에겐 글쓰기가 자신만의 불꽃이 되기도 한다. 태어나기 전부터 영혼에 새겨진 이 불꽃을 삶을 살며 다양한 경험을 통해 찾게 되는 것. 타고난 재능이 다른 것 또한 이것과 같은 의미로 해석된다.

그런데 영화에서 흥미로운 부분은 이다음부터다. '자신만의 불꽃'이 삶의 목적이자 이유라고 생각했던 주인공에게 영화 속 한 인물은 말한다. '불꽃'은 결코 삶의 목적이 아니라고 말이다. 여기서 많은 사람들은 궁금해 할 것이다.

"그럼 도대체 불꽃이란 게 뭔데?"

영화는 끝날 때까지 불꽃에 대해 명확한 정의를 내리지 않는다.

영화를 보고 느낀 그대로를 말하자면, 불꽃에 대한 정의를 내리지 않았다기보단 내릴 수 없었다는 표현이 더 정확하지 않을까. 불꽃의 의미를 사람마다 받아들이는 의미가 다를 테니까.

영화의 후반부에 주인공은 피아니스트로서 그토록 꿈꾸던 무대에서 연주를 한다. 연주를 할 땐 너무나 행복했지만 공연이 끝난 뒤 주인공은 왠지 모를 허무함을 느낀다. 이러한 심정을 함께 공연했던 사람에게 털어놓자 그에게 바다를 찾는 물고기에 대한 이야기를 들려준다.

"바다라고 불리는 걸 찾고 있어요." 아기 물고기가 나이 든 물고기에게 다가가 말했어.

"바다라고? 지금 네가 있는 여기가 바다야."

나이 든 물고기가 말했어.

"그건 네가 지금 있는 장소란다."

"여기라고요?"

어린 물고기가 되물었어.

"이건 물이에요. 제가 원하는 건 바다라고요!"

힘들게 고생해서 원하는 걸 얻어도 생각보다 기쁘지 않을 때가 있다. 원하던 대학에 들어가고, 시험에 합격하고, 목표로 했던 회사에 입사하고, 마음에 둔 사람과 연애를 하더라도 기대했던 것보다 행복하지 않았던 기억이 당신도 있었을 것이다.

무언가를 이뤘을 때 생각보다 행복하지 않다고 해서 그것이 정말 자신이 원하던 게 아니라고 말할 수 있을까? 그건 아닐

것이다. 만약 원하지 않았다면 그렇게까지 시간과 에너지를 바쳐가며 몰두할 수 없었을 테니까 말이다. 그렇다면 답은 뭘까? 그것은 나도, 당신도 알 수 없다. 생각만큼 원하지 않았던 것일 수도 있다. 원하던 것이지만 이루기까지 과정이 너무나 힘들어서 행복이 작게 느껴지는 것일 수도 있다.

삶의 어떤 부분이 가치 있다고 말할지는 본인이 정하는 것이다. 어디에 가치를 두는지에 따라 느끼는 행복도 달라진다. 비싼 차를 몰고 큰 집에 사는 게 가치 있는 사람도 있는 반면 햇살 좋은 동네 카페에서 마시는 커피 한 잔을 더 소중히 생각하는 사람도 있다.

현재 자신이 무엇을 하고 싶은지 모를 수도 있다. 대신 새로운 도전에 대해 지나치게 두려워하지 않았으면 한다. 하고 싶은 것이 있어도 다른 것들은 모두 배제한 채 앞만 보고 달려가기만 하는 게 오히려 더 위험할지도 모른다. 그러니 현재를 너무 걱정하지 말자. 원하는 것을 이루기 위해 살아가다 보면 그것을 이룰 수도, 이루지 못할 수도 있다. 결과가 어떻게 나오든 그걸로 삶이 끝나진 않는다. 결국 우리는 계속 살아가야만 한다. 이 말은 자신의 불꽃이 무엇인지 평생 고민해볼 수 있다는 것이다. 현재 일상이 무의미하다고 느낀다면 자신만의 불꽃에 대해 생각하는 시간을 갖길 바란다.

포기가 아닌
도전을 습관으로 삼는다

주변 사람들과 대화를 하다 보면 부쩍 많이 하는 고민 중 하나가 생산적인 무언가를 하고 싶은데, 막상 무엇을 해야 할지 모르겠다는 것이었다. 사실 나도 이런 고민을 한 적이 많다. 할 일을 하고 난 후에 남는 시간을 좀 더 의미 있게 보내고 싶은데 어떻게 해야 할지 도통 감이 오지 않았다.

이제는 크게 고민하지 않는다. 왜냐하면 시간을 반드시 의미 있고 효율적으로만 보내려고 하지 않기 때문이다. 효율성이 삶에 도움이 되는 부분도 많지만 반대로 행동하는 데 제약을 만드는 경우도 존재한다. 심지어 휴식할 때 아무것도 하지 않는 것에 대해 잘못하고 있다는 생각을 하는 사람들도 있다. 몇 시간 동안 집중한 뒤 1시간 정도 쉬는 시간조차 편하게 있지를 못하는 것이다.

대부분은 시작하기 전 그것이 얼마나 효율적일지 따진다. 투자 대비 얼마나 유의미한 결과를 가져다줄지를 고민하는 것이다. 어찌 보면 당연한 일이다. 하지만 그러한 효율성과 유의미함을 모든 부분에 적용하거나 시작하기 전 지나치게 고민하는 것이 언제나 도움되는 건 아니다. 특히 시작하기 전 지나치게 효율성을 고민하는 건 성장 가능성을 배제하는 것과 다름없기 때문이다.

몇 년 전부터 나는 클라이밍을 배워보고 싶었다. 하지만 마땅히 배울 곳도 없고 피곤하다는 핑계를 대며 도전하는 걸 미뤄왔다. 그러다 이사한 집 근처에 클라이밍 센터가 있다는 것을 알게 되었다. 어느 때처럼 핑계로 넘어가려다 '지금 아니면 언제 또 해보겠어'라는 생각으로 2개월 패키지 과정을 끊었다.

클라이밍은 생각보다 어려웠지만 동시에 짜릿했다. 조금씩 난이도를 높여 어려운 코스에 도전하고, 끝까지 올라갔을 때 느껴지는 성취감은 매일 한 편의 글을 쓰는 것과는 다른 느낌이었다. 퇴근 후 운동을 하러 간다는 게 쉽진 않았지만 덕분에 체력과 근력도 조금씩 늘어났다.

하지만 채 10번도 가지 못했을 때 사건이 발생했다. 바로 일을 하던 중 허리디스크가 터진 것이다. 운동은커녕 제대로 걷는 것도 힘겨운 상태에서, 그렇게 시간은 빠르게 지나가버렸다. 결국 1달도 가지 못한 채 클라이밍 도전기는 그렇게 허무하게 막을 내렸다.

누군가는 '헛돈 날렸다'고 말할 것이다. 틀린 말은 아니다. 그럼에도 불구하고 나는 생각만 하던 클라이밍에 도전했다. 방문한 횟수는 적었지만 하고 싶었던 운동을 하며 즐거움과 성취감을 느꼈다. 몇 년간 망설였던 일을 드디어 해봤다는 것. 충분히 값진 경험이었다.

하고 싶은 게 없다고 말하는 사람들에게 묻고 싶다. 간절한 정도까진 아니어도 조금이라도 하고 싶은 게 없었냐고. 여행, 요리, 사진, 등 잠깐이지만 '이거 재밌겠다'라든가 '한번 해볼까'라고 생각한 게 분명 있을 것이다. 하고 싶은 게 없는 게 아니라 '실수하지 않고 잘할 수 있는 무언가가 없다'고 생각한 건 아니었는가.

시작하기 전 완벽하게 해낼 생각을 버리자. 효율성과 유의미함을 지나치게 추구하지 마라. 하기 전 잘하고 싶은 마음이 클수록 시작조차 하지 못할 가능성이 높아진다. 하고 싶다고 생각한 분야에 재능이 없을지도 모른다. 그런데 재능이 없고 잘하지 못하면 도전할 수도 없는 것인가?

남들의 시선이 두렵고, 실수했을 때의 자신이 싫어서 '해봤자 뭐 해?', '어차피 난 잘 못할 거니까'라며 자기 합리화를 하고 있는 것일지도 모른다. 잘 해낼 가능성은 왜 생각하지 않는 것인가? 실제로 잘하지 못하더라도 그게 문제가 되진 않는다. 문제인지 아닌지 애매한 경우, 대부분 스스로 문제라 생각하고 행동하면 진짜 문제가 되곤 했다.

해보지 않아서 두렵고 떨릴 수 있다. 당연한 일이다. 오히려 모든 것에 두렵지 않다고 말하는 건 오만한 것일 뿐이다. 진정한 용기는 무섭지만 앞으로 나아가는 것이다. 그러기 위해선 현재의 가능성만이 아닌 나조차 모르는 스스로의 가능성도 믿어야 한다. 해보지 않고는 아무것도 알 수 없다. 포기가 습관이 되는 것처럼 도전하는 것도 습관이 된다. 당신의 무한한 가능성을 믿고 암흑 속으로 몸을 던지는 순간, 지금과는 전혀 다른 인생을 살게 될 수도 있다. 당신의 새로운 도전을 항상 응원한다.

'시간이 나면' 하는 사람과
'시간을 내서' 하는 사람

원하는 것과 간절한 것은 '하루하루를 어떻게 보내고 있는가'에서 결정적인 차이가 난다. 원하기만 하면 기존에 할 것들을 똑같이 하고 난 후 '시간이 나면' 그때 원하던 걸 한다. 반면 간절한 사람들은 자신이 그토록 원하는 일을 하기 위해 끊임없이 그 방법을 찾고 다른 사람들보다 하루를 더 압축해서 보낸다.

사람은 본능적으로 원하는 것에 시간을 쏟는다. 좋아하는 사람이 생기면 더욱 가까워지기 위해 연락을 자주 하거나 약속을 잡는다. 입사하고 싶은 회사가 생기면 회사에 대한 세세한 정보까지 찾아보고 면접 날이 되면 다른 날보다 더 많이 신경을 쓴다.

간절해지면 기존에 하고 있는 것들을 전보다 더욱 빨리 처리할 수 있는 방법을 자연스럽게 고민하게 된다. 그리고 가장 효율적인 방법을 실행한다. 그래도 시간이 부족하면 늦게 자거나 남들보다 빨리 하루를 시작한다. 그것은 누가 시킨다고 되는 게 아니다.

원하는 마음과 간절한 마음의 또 다른 차이는, 문제에 부딪힌 후 어떤 반응을 보이느냐에 있다. 영화 〈행복을 찾아서〉의 실제 주인공인 크리스 가드너는 소위 인생의 산전수전을 모두 겪은 인물이다. 아내와 이혼 후 혼자 아들을 키우며 돈을 벌기 위해 노력하지만 무엇 하나 뜻대로 되지 않는다. 힘들게 회사 일을 마치고 나면 노숙자 쉼터 앞에 몇 시간 동안 줄을 서서 아들과 하루를 묵을 자리를 마련해야 했다. 그마저도 일이 늦게 끝나 자리가 없을 때에는 지하철 화장실 바닥에 휴지를 깔고 아들을 재우면서 사람들이 들어오지 못하도록 문을 지키느라 밤을 지새운다.

그러나 그는 그런 상황에서도 절대 포기하지 않았다. 노숙자 쉼터에서 저녁을 먹으면서도 손에서 책을 놓지 않았으며, 아들을 재우고 불도 들어오지 않는 방에서 달빛으로 책을 보며 공부를 한 뒤 출근했다. 거물급 고객과의 약속시간에 늦어 미팅엔 실패했지만 그를 찾아가 약속을 지키지 못했다며 사과를 한 일이 계기가 되어 그에게 좋은 인상을 남겼을 뿐만 아니라 다른 고객들도 만날 기회를 얻는다. 그러한 시간을 지나 결국 그는 억만장자가 될 수 있었다.

살다 보면 뜻대로 일이 풀리지 않는 순간이 닥친다. 그럴 때 대부분은 '내가 이건 왜 하고 있는 거지?'라는 생각을 한다. 하지만 그런 생각에 한번 빠져들기 시작하면 긍정적인 방향으로 생각하기가 어렵다. 다시 비슷한 상황이 닥쳤을 때 부정적인 사고를 하는 게 쉬워진다. 그렇게 부정적인 상상에 스스로 지쳐 중도에 포기했던 경험이 누구나 한 번쯤 있을 것이다.

불과 몇 년 전에 나도 그런 시기가 있었다. 모아둔 돈도 별로 없고, 일도 하지 않은 채 불안함에 떨었던 적이. 무엇을 해도 뜻대로 되지 않고, 답답하기만 날들이 끝을 모르고 이어졌다. 그렇지만 계속해서 새로운 시도를 했다.

현재 삶이 불행하다고 느끼는 순간들이 많다면 나는 그들에게 누구의 탓을 하기보다 자신의 선택을 돌이켜보라고 말해주고 싶다. 과거의 경험들을 토대로 앞으로의 선택들은 좀 더 신중히 내릴 필요가 있다고 말이다. 과거의 선택들을 남 탓으로 돌리거나 부정한들 달라지는 건 아무것도 없다. 우리는 자신의 선택에 대해 온전히 책임을 져야만 한다. 누군가의 조언을 들어서 선택을 했더라도 결국 그 선택을 자신의 삶에 적용한 건 나라는 사실은 변함없다.

앞서 소개한 영화 〈행복을 찾아서〉에는 다음과 같은 유명한 대사가 있다.

"Don't ever let somebody tell you, You can't do something (누구도 너에게 할 수 없다고 말하게 두지마)."

하루 묵을 숙박비가 없어서 지하철 화장실에서 아들과 잠을 청하면서도, 크리스 가드너는 자신이 성공할 것이라 믿고 행동했고 결국 그 말을 이루어냈다. 간절히 무언가를 믿고 계속해서 행동한다면 어떤 식으로든 반드시 빛을 보게 된다. 오늘도 우리는 저마다의 자리에서 간절히 원하는 바를 위해 한 발자국 앞으로 나아가고자 하는 용기를 낸다. 그런 우리 모두를 나를 진심으로 응원한다.

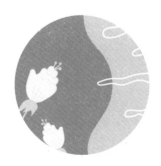

오늘부터
당신은
'못하는 것'을 한다

숫구치는 물가, 카드값, 매달 생활비. '다 오르는데 내 월급만 그대로네'란 생각이 들 때가 있다. 그렇다고 해서 돈을 더 벌기 위해 딱히 하는 것도 없다. 또한 외로워서 누군가를 만나고 싶을 때가 있다. 그렇지만 밖에 나가 사람을 만나지도 않는다. 하루하루가 '노잼'이라고 느끼지만 즐길 만한 새로운 것을 찾아보지 않는다. 우리는 왜 생각에서 멈추는 것일까.

회사에서 동료와 대화를 나누던 중 이번 주말엔 무엇을 하면서 시간을 보낼 거냐는 내 물음에, 그는 동생과 만나 시간을 보낼 거라고 답했다. 뒤이어 동생이 대학원에 들어갈 준비를 하고 있지만 웹툰 작가가 꿈이라는 이야기를 들었다. 나 또한 회사 일과는 별개의 꿈을 목표로 살고 있기에 진심으로 잘되길 바란다는 말을 건넸다.

동생의 꿈에 대한 응원을 받아서일까. 그도 조심스레 자신의 얘기를 꺼냈다. 그 또한 꿈과 전혀 다른 길을 걷고 있었다. 나는 그에게 말했다. 지금 당장은 현실적인 부분 때문에 꿈에 다가가지 못하더라도 계속 좇다 보면 언젠간 그것에 다다를 수 있을 거라고. 내가 그에게 했던 말은 응원인 동시에 나 스스로에 대한 다짐이기도 했다.

현재 하고 있는 일과 전혀 다른 꿈을 가진 사람들이 많다. 하지만 그들 중 대다수는 꿈을 그저 꿈으로만 간직하곤 했다. 무언가를 하고 싶다고 말하지만 그것을 이루기 위해 행동하지 않았다.

"하고 싶다고 생각만 하는 중이야."

이 말 뒤엔 자신의 꿈이 얼마나 이루기 힘든지, 현실적으로 얼마나 불가능에 가까운지 설명이 따라붙었다. 집값이 많이 올라서, 체력적인 문제 때문에, 누군가를 알아가는 게 힘들어서 등 자신이 그것을 할 수 없는 이유를 현실적인 근거를 들어 설명했다. 들어보면 납득이 가지만 그들의 말에 동의하는 것은 아니다. 그들이 할 수 없다고 말하는 게 다름 아닌 '자신이 원하는 것'이기 때문이다. 자신의 의지로 무언가를 원하면서도, 현실적인 이유를 들어 해보지도 않은 채 왜 할 수 없다고 단정 짓는단 말인가.

이 세상의 모든 국가를 여행하는 게 꿈인 사람이 있다고 해보자. 백만장자가 아닌 이상 당연히 그 꿈이 빠른 시일 내에 이뤄지진 않을 것이다. 그렇다고 해서 그 사람이 그 꿈을 '이룰 수 없다'라고 판단할 이유는 어디에도 없다. 내가 안타까운 건 타인이 자신의 꿈에 대해 부정적인 의견을 내는 것보다도 스스로가 먼저 자신의 꿈을 불가능할 것이라 생각하는 태도다.

못할 거라는 생각을 멈추자. 그게 타인이든 당신이든 말이다. 시간이 얼마나 걸리든 할 수 있을 거라는 생각을 하면서 살아야 한다. 그런 생각으로 삶을 살아가면 과거에 대해 후회하지 않고 매 순간 최선을 다해 살아갈 수 있다.

평소 부정적인 생각이 많을수록 매사에 최선을 다하기 힘들어진다. 상처받기 싫고, 스트레스를 감당하지 못해 능력을 제대로 발휘할 수 없다. 이렇게 되면 결과가 좋든 나쁘든 행복한 삶을 사는 건 힘들어진다. 결과가 괜찮으면 무엇을 하든 시간과 에너지를 쓰는 한계치가 생긴다. 그러다 시간이 지나 비슷한 상황에서 결과가 좋지 않으면 '지난번엔 이 정도만 해도 괜찮았는데 이번엔 왜 이런 거야?'라고 자책하거나 남 탓을 하게 된다.

할 수 있다고 끊임없이 믿어라. 당신을 향한 타인의 부정적인 말들을 걸러서 들을 줄 알아야 한다. 그 사람이 당신과 어떤 관계든 알고 지낸 시간이 얼마나 되었든 말이다. 조언을 하더라도 반만 들어라. 결국 당신의 삶은 오로지 당신만이 책임지는 것이다. "네가 정말 걱정돼서 하는 말인데", "다 너 잘되라

고 말해주는 거야"라며 훈수를 두는 사람들도, 사실 자신의 삶
이 그들에게 있어 가장 중요하다.

　진정으로 자신을 믿는 사람들은 남들이 자신에게 하는 말
에 대해 일희일비하지 않는다. 그저 자신이 하고 싶은 걸 하고,
그런 일상을 당당하게 드러낸다. 무엇을 하든 '못한다'라고 먼
저 생각하지 말자. 무언가를 하기 전 두려움이 느껴질 때 자기
자신에게 이렇게 말해보라. '나는 못하는 것을 못한다'라고.

끝이 좋은 사람으로
기억되어라

시작은 좋았지만 결과가 처참한 것. 처음은 별로였지만 마지막엔 좋은 결과로 마무리하는 것. 당신은 둘 중 무엇을 선택하겠는가. 대다수의 사람이 후자를 선택할 것이다. 하지만 어떤 사실을 알고 있는 것과 그 사실을 행동으로 옮기는 건 완전히 다르다는 걸 겪어본 사람들은 알 것이다. 누구나 시작할 때와 끝날 때의 마음이 같을 수는 없기 때문이다. 하지만 일에 있어서는 그 결을 유지하는 것이 더욱 중요하다.

지난주 주말, 회사에 퇴사하겠다고 말했다. 다니기에 나쁘지 않은 회사였지만 다양한 것들을 고려했을 때 어쩔 수 없는 선택이었다. 당연하게도 회사의 입장은 만류였다. 잘하고 못하고를 떠나서, 어느 정도 자리를 잡은 사람이 나간다는 건 회사에도 손실이니까. 사실 입사한 지 2년 차인 내가 하는 일들이, 불과 몇 달 전만 해도 과장급이 하던 일이었다. 어느 날씨 좋은 날 하루아침에 과장이 회사를 떠났고 공석을 메꿀 사람으로 내가 결정되었다. 이제야 하던 일이 익숙해질 무렵, 불과 며칠 만에 전혀 다른 업무를 해야 한다는 건 꽤나 큰 스트레스였다.

바뀐 직무로 일하면서 정말 많은 일이 있었다. 출근시간도 10분 더 당겨졌을 뿐만 아니라 점심시간조차 제대로 보장되지 않았다. 새로운 일에 온전히 적응할 수 있었던 것도 아니었다. 기존에 일하던 부서에서도 문제들이 생겨서 새로운 일을 배우는 동시에, 기존 부서로 지원을 나가는 일도 잦았다. 그때를 떠올려보면 어떻게 하루가 흘러갔는지도 모르겠다.

제대로 실무를 하기 시작한 지 4개월 정도가 지난 시점에는 여전히 서툰 부분들이 많지만 스스로 처리하는 부분들도 많이 생겼다. 직장 동료, 상사분들의 도움도 컸지만 나 또한 부단히 노력한 결과라고 생각한다. 그렇지 않았다면 퇴사한다고 말했을 때 직장 상사뿐만 아니라 대표까지 여러 번 퇴사를 만류하지 않았을 테니 말이다.

과정은 결코 순탄하지 않았지만 결과는 좋게 나왔다. 만약 부서를 옮기는 과정에서 '내가 이걸 왜 해야 해'라고 부정적으로만 생각했다면 이런 결과도 없었을 것이다. 적응하는 과정에서 이해되지 않는 일들도 많았으며, 사람으로부터 받는 스트레스 또한 적지 않았다. 그럼에도 불구하고 잘했다고 생각이 드는 건 당시에 느꼈던 부정적인 감정들을 곧바로 드러내지 않았다는 것이다.

어디에서든 해야 할 말은 해야 한다. 그러나 회사에서만큼은 웬만하면 좋지 않은 감정들을 드러내지 않으려고 하는 편이다. 공적인 일을 하는 곳에서 사적인 감정을, 그것도 좋지 않은 감정을 드러내서 이득이 될 게 무엇이 있겠는가? 특히 일할 때 감정적으로 임한다면 아무리 일을 잘 마무리했더라도 주변 사람들에게는 부정적인 여운이 더 강하게 남는다. 사람들은 처음보단 끝을 더욱 강렬하게 기억한다. 그리고 인생이란 어떻게 될지 모르기에 마지막 순간에 얼굴을 붉힌 사람들이 많을수록 좋을 게 없다. 그렇기에 누구를 만나든, 어디를 가든 '끝이 좋은 사람'으로 기억되는 것이 나에게도, 다른 사람에게도 좋은 마침표다.

회사는
결국 사람이 함께 일하는 곳이다

유독 회사에서 부정적인 감정을 있는 그대로 드러내는 사람들이 있다. 물론 업무적인 면에서 피해가 오면 기분이 좋지 않은 건 사실이다. 하지만 누가, 어떤 실수를 저질렀는지에 따라 감정을 조절하는 것도 필요하다. 몇 년 동안 회사에서 일을 해온 사람과 갓 들어온 신입이 저지른 실수를 똑같이 처분할 순 없지 않은가. 실수의 크기에 따라서도 다르다. 그런데 누구라도 빠르게 수습할 수 있는 실수를 굳이 한번 짚고 넘어가야만 직성이 풀리는 사람들이 있다. 분명 좋게 말할 수 있는 것들을 빈정거리듯 말하는 사람들을 보면 '저렇게까지 해야 하나'라는 생각이 들곤 한다.

많은 사람이 일을 잘하는 게 중요하다 말한다. 하지만 겪어보니 일을 잘하는 건 그리 중요하지 않았다. 그 사람의 업무 능력이 심각한 문제가 터지지 않을 정도라면 큰 문제가 없었다. 함께 일하는 사람에게 피해를 주지 않을 정도만 업무를 할 줄 알아도 대부분의 사람들은 충분하다고 생각한다. 여러 곳에서 직장생활을 하면서 느낀 건 사람들은 업무 능력보다 태도를 더 중요하게 생각한다는 것이다.

정말로 큰 문제가 되는 건 일을 못하는 것보다 함께 일하는 사람의 좋지 못한 태도가 대부분이었다. 일을 좀 더 빨리 한다는 이유로 동료 또는 상사를 무시하는 등 이기적인 모습을 보이는 사람들이 어딜 가나 있다. 사실 회사에선 그런 사람에게 직접적인 제재를 가하진 않는다. 하지만 그건 결코 그 사람의 뛰어난 업무 능력 때문이 아니다. 정확한 사실은 그런 사람 하나 괜히 건드려서 좋을 게 없기 때문이다.

그 사람의 업무 능력을 높이 사서가 아니라 굳이 저런 사람과 부딪혀서 얼굴 붉히는 것 자체가 스트레스라는 걸 당사자를 제외한 모두가 알고 있다. 사회생활을 하면서 그런 부류의 사람을 여럿 보았고, 대부분 그들의 마지막은 좋지 않게 끝난 것을 본 후부터 단지 일만 잘하면 된다는 게 정답이 아님을 깨닫게 되었다.

잘한다고 으스대지 말자. 속으론 그런 생각을 할지라도 그걸 겉으로 드러내지 말라는 것이다. 정말로 당신이 무언가를 잘한다면, 말하지 않아도 모두가 인정할 것이다. 또한 잘한다는 이유로 그것을 못하는 사람을 무시해서도 안 된다. 반대로 당신이 못하는 걸 그 사람이 잘할 수도 있을 테니까 말이다.

처음부터 잘하지 못해도 계속해서 시도하고 잘하려는 노력을 보여주는 게 중요하다. 대부분의 사람들은 그런 태도를 지닌 사람을 곁에 두려고 한다. 또한 그런 태도를 지닌 사람들은 시간이 지날수록 더 좋은 결과를 내는 편이었다. 무엇을 하든 적어도 제 몫은 해내야 한다고 믿는다. 회사에서는 일만 잘하면 끝이라고 한다. 하지만 일만이 회사생활의 전부는 아니었다. 오히려 능력은 조금 부족해도 함께 일하는 사람들을 먼저 인정해주고 잘 어울리는 사람이 인기가 많았다. 때로는 실수하거나 놓치는 부분들을 서로가 챙겨주고 함께 가는 것. 혼자서 아득바득 60만큼 일하는 것보다 다른 사람들과 함께 90에서 100을 하는 게 덜 지치고 더 멀리 갈 수 있는 법이다.

힘 빼기의
기술

하고 싶은 것을 하더라도 실패하고 좌절하는 게 인생이다. 그토록 원하던 일을 해도 생각지 못했던 벽을 만나 금방 그만 두게 되기도 한다. 만남에 있어서도 마찬가지다. 사귀기 전엔 평생 잘해주고 싶었지만 사귄 후에는 매일 다투다가 헤어지기 도 한다. 그래서 남들이 보기에는 '어떻게 저렇게 꾸준할까?' 생 각이 들 만큼 일이나 관계를 오랫동안 지속하는 사람들이 신기 하기도 하다. 긴 시간 동안 하나에 매진한다는 것이 재미없어 보이지만 뜨겁게 불타올랐다가 식어버리는 것과 은은하게 지속하는 힘을 유지하는 것의 차이가 거기에 있다.

무언가를 시작하는 것도 어렵지만 더욱 어려운 건 시작한 걸 꾸준히 유지하는 것이다. 아무 일이 없을 땐 별로 어렵지 않다. 그러나 나 또는 상대의 컨디션이 좋지 않거나 갑자기 상황이 나빠지는 등 문제가 발생했을 때 해야 할 것들을 계속하는 건 정말 어렵다.

사람들은 무언가를 시작하기 전 자신이 그걸 얼마나 좋아하는지 고민한 뒤 시작한다. 하지만 좋아하는 감정만큼 중요한 것이 있다. 그것은 바로 시작한 것을 얼마나 오랫동안 유지하느냐. 앞서 말했듯 좋아하는 마음은 중요하다. 그것을 시작하는 계기이자 가속의 발판이 되어준다. 무언가를 새롭게 시작하는 데서 오는 설렘은 일상을 즐겁게 만들어준다. 그래서인지 대부분의 사람은 '지속할 때 느끼는 행복'보다 '첫 시작의 행복'을 더욱 중요하게 여긴다. 그러나 무엇을 하든 단지 처음 시작할 때의 행복만 추구하는 게 습관이 돼버리면 어떻게 될까. 아무리 좋은 사람을 만나도, 그 어떤 행복한 일을 찾아도 시간이 지나고 감정이 옅어지면 한눈을 팔게 된다.

시작할 때 '내가 좋아하는 마음'이 가장 중요한 사람들은 좋다고 느꼈던 부분이 계속해서 유지되어야만 그것을 지속할 수 있는 것처럼 보였다. 그들은 자신이 '좋다'라고 느끼는 기준의 틀이 매우 명확한 편이었다. 자신이 믿는 기준 외엔 좋은 게 있어도 그것을 별로라고 받아들이곤 했다.

처음 시작하는 건 용기의 문제다. 그러나 그것을 유지하는 건 노력의 문제이다. 보통 노력이라고 하면 '더 해야만 하는 것'이라고 생각한다. 지금보다 더 신경을 쓰고, 더 사랑하고, 더 시간을 들이는 것만을 노력이라 여기는 것이다. 하지만 힘을 들이는 것만이 노력은 아니다. '힘을 빼는 것' 또한 노력이다. 힘을 주는 것보다 힘을 빼고 행동을 지속하는 게 더 어려울 때도 있다.

사랑하고 아끼는 것도 그렇다. 좋은 관계를 오랫동안 유지하는 사람들은 매일 노력한다. 그 노력엔 더하는 것뿐만 아니라 덜 하는 것도 포함된다. 나의 기준을 상대가 꼭 맞춰주기를 바란다면 어떻게 될까? 처음 몇 번은 좋게 이야기를 나누어도 시간이 지날수록 같은 말을 반복하는 나도, 그 말을 듣는 상대도 지칠 것이다. 이럴 때 힘을 빼는 연습이 필요하다. 기준을 낮

춰보는 것이다.

어떤 일을 하든 좋아서 시작했다는 것 외에는 생각하지 않고 힘을 쏟아붓기만 하는 방식이라면 지속하기 어렵다. 어떻게 지속할지, 어떻게 노력할지도 함께 생각해야 한다. 지금까지 무언가를 시작하는 방식과 끝맺는 방식이 만족스러웠다면 그걸 계속 유지하면 된다. 하지만 무엇을 시작하든 그 과정이 생각한 것만큼 순탄치 않고 결과도 좋지 않았다면, 자신에게 익숙한 방식을 바꿀 필요성이 있다. 처음부터 지나치게 힘을 많이 쏟지는 않았는지, 나누어서 오랫동안 꾸준히 해야 할 일들을 단기간에 이루려고 하지는 않았는지, 그러다 지쳐버린 건 아닌지 점검해보자.

해보고 싶은 일이 있다면 바로 지금 시작해라.
돈과 시간과 기회를 기다리다가
마침내 그때가 왔을 때는
당신은 흥미를 잃었거나 그것을 할 여력이 없을 것이다.

- 엘리자베스 퀴블러-로스

사람과의 관계에서 갈증을 느끼고 있다는 건
어쩌면 진심을 터놓고 얘기할 수 있는 사람이 없어서일지도 모른다.
당신의 에너지를 빼앗는 사람들,
반대로 당신에게 에너지를 줄 수 있는 사람들.
당신 주변엔 어떤 사람들이 더 많은지 생각해보자.

3장

놓아줄 사람과
곁에 둘 사람,
인간관계에 대하여

더 이상 친구들이
당신과 같은 속도로
걷지 않더라도

삶을 살아가면서 가끔 옆을 둘러봤을 때 나란히 걷던 친구들이 언제부턴가 보이지 않을 때가 있다. 나보다 훨씬 앞에서 걸어가는 친구도 있고, 저만치 뒤에서 천천히 걸어오는 친구도 있다. 학교에 다닐 때는 언제나 나란히 걸어갈 것만 같았던 친구들이었는데, 어른의 삶에 진입한 이후부터는 가고자 하는 방향, 목적지, 소요시간, 걷는 속도 등 많은 부분이 달라졌다. 각자의 속도는 다르지만 걸음을 멈추지 않은 채 계속해서 걸어가고 있다는 사실 그 자체를 응원하고 싶은 마음이다.

더 이상 친구들과 같은 속도로 걷고 있지 않다는 것을 깨닫는 것은 사실 조금 쓸쓸한 기분이 들기도 한다. 하지만 그 시절을 지나 각자의 자리에서 고군분투하고 있는 그들과 나 자신에게 '잘하고 있다'는 말을 건네며 또 나아가는 것이 삶 아닐까.

그러니 한때 친했던 친구들과 현재 멀어졌다고 해서 너무 아쉬워 하지 않았으면 한다. 누구나 각자의 상황에 맞게 살아가고 있는 것이다. 현재 당신보다 뒤처져 걷는 친구는, 당신이 앞만 보고 달려가느라 알지 못했던 것일 뿐 이미 그 이전에 힘껏 달린 탓에 지쳐 있을 수 있다. 정신없이 달린 뒤 천천히 걸으며 에너지를 충전하려는데, 불쑥 당신이 찾아와 "너 왜 이렇게 천천히 걷고 있어. 얼른 빨리 앞으로 가자"라고 하는 실수를 범하지 말자.

사람들은 내가 어느 위치에 있든 어떤 환경에서든 자존감을 지키는 게 중요하다고 말한다. 당장 밥 한 끼 사 먹을 돈이 없는 상황에서도 '나는 성공할 거야'라는 긍정적인 생각을 하며 살아야 한다고 말한다. 어떤 의미로 그렇게 말하는지는 알고 있다. 하지만 현재가 매우 불안정한 상태에서 긍정적인 생각을 한다는 게 얼마나 힘든 것인지 겪어본 사람은 알 것이다. 무조건 긍정을 강조하는 사람들이 놓치는 사실은, 힘든 상황에서 긍정적인 생각을 하며 살아가는 것도 상당한 에너지가 소모된다는 것이다. 현재를 긍정적으로 생각하는 것도 그나마 기본적인 생활이 여유로울 때나 가능하다는 생각을 한다.

스스로가 너무 작게 느껴지는 순간들이 있다. 그럴 땐 친구들도 위로가 되지 못한다. 친구들의 따뜻한 손길조차 동정처럼 받아들여지는 순간이 있다. 도움의 손길도 잡을 용기가 있어야 비로소 도움이라 느껴지는 것이다. 스스로 너무나 부정적이어서 누군가 내 곁에 있는 것조차 거부하고 싶을 때가 있다.

그럴 땐 오히려 잠시 내버려 두었다가 조심스레 도움이 필요한지 물어보는 게 훨씬 나을 수도 있다. 필요함을 느끼지 못하는 상태에서 불쑥 찾아오는 도움은, 오히려 강요나 부담으로 느껴지기 마련이다. 또한 타인의 따뜻한 손길을 거부하는 자신을 보며, 스스로를 더욱 별로라고 생각할 수도 있다.

우리가 신경 써야 할 건 현재의 속도보다 '계속해서 나아가는 것'이다. 가끔 뒤를 돌아보았을 때 친구가 여전히 걸어오는 것이 보이기만 한다면, 묵묵히 응원을 건넨다면 그걸로도 충분하다. 반대로 나보다 훨씬 앞서 걸어가고 있는 친구가 있더라도 그 친구가 느려질 수도, 내가 지금보다 더 빨라질 수도 있다. 조금은 느려도 멈추지 않고 앞으로 걸어가기만 한다면, 언젠가 결승선에서 다 같이 만날 날이 반드시 찾아올 테니까 말이다.

나의 부족한 부분을
상대를 통해
채우려 한다면

사람마다 선호하는 타입이 있다. 비슷한 성향을 가진 사람을 좋아하기도 하고, 아예 다른 성향을 가진 사람에게 끌리기도 한다. 대화가 잘 통하고 즐거워서 '이 사람과 나는 정말 잘 맞는구나'라고 생각하다가도, 사소한 계기로 멀어지거나 관계가 끊어지기도 한다. 그럴 때마다 '잘 맞는다는 생각은 착각이었나', '나와 잘 맞는 사람은 어떤 사람일까'라는 물음이 떠오르기도 했을 것이다. 우리가 잘 맞는다고 생각했던 사람과 멀어지게 된 이유는 무엇일까.

독서나 공부 등에 많은 시간을 투자하는 사람이, 주말마다 여행을 가는 사람과 친해질 수 있을까. 물론 서로 다른 면에 끌려 친해지는 경우도 많다. 하지만 서로 각자의 관심사를 유지한 채 만나는 시간이 길어진다면 관계가 깊어지긴 다소 힘들 것이다.

정반대의 사람에게 끌린다는 말이 있지만 끌리는 것과 끌림을 유지하는 건 다르다. 우리는 자신의 부족한 부분을 채워줄 수 있는 사람에게 본능적으로 끌린다. 하지만 관계를 시작한 후 그 관계를 유지하기 위해서는 역설적이게도 자신이 부족하다고 생각했던 부분을 스스로의 노력으로 채워야 한다. 감성적인 사람이 이성적인 사람을 만났을 때 그 사람과 관계를 잘 유지하기 위해선 전보다 더 이성적으로 생각해야 하는 것처럼 말이다.

그러다 보니 원하던 사람을 만났다고 생각했는데, 관계를 유지할수록 오히려 전보다 지치는 경우도 생긴다. 어떤 이들은 '우린 너무 다르다'며 아예 상대와의 관계를 끊어버리기도 한다. 사실 이 말에는 또 다른 의미가 있다. 바로 '나는 달라지고 싶지 않아'라는 것이다.

자신과 반대되는 성향을 가진 사람을 만나면 자연스럽게 스스로의 부족한 부분이 채워지거나 변화할 거라는 믿음은 착각이라는 것이다. 앞서 말했듯이 반대되는 성향의 사람을 만나면 도리어 부족한 성향을 드러내야 하는 상황이 더욱 많아진다. 당신은 감성적인데, 상대는 이성적인 사람이라고 해보자. 당신이 "서운하다"고 말했을 때 상대가 곧바로 공감해줄 수 있을까. 만약 상대가 이성적인 사람인 동시에 당신과의 관계를 유지하고 싶어 한다면 이렇게 물을 것이다.

"어떤 게 서운한데?"

이성적인 성향이 강한 사람에겐 이유가 중요하다. 그렇기에 당신의 서운한 감정이 어디서 비롯되었는지 알기를 원한다. 원인이 자신에게 있는지, 자신의 어떤 부분 때문에 서운함을 느꼈는지 확실하게 알기 위해 계속 질문을 던진다. 그래야 똑같은 이유로 서운함을 느끼지 않는다.

당신이 여기서 취해야 할 가장 좋은 행동은 명확하다. 상대가 알고 싶어 하는 걸 말해주면 된다. 하지만 이 과정에서 당신은 고통스럽고 껄끄러운 고비들을 마주해야만 한다. 흘러넘치는 감정을 억누르는 동시에 스스로 부족하다고 느끼는 이성을 최대한 활용해야만 한다.

어떤 이유로 서운했는지, 그러한 행동이 왜 서운한지, 앞으로 상대가 어떻게 해주길 바라는지를 차분하고 조리 있게 설명하는 일련의 과정들. 즉, 당신이 원하는 것을 얻기 위해 가장 서투른 부분을 최대로 사용해야만 하는 것이다. 그러나 대부분의 사람들은 그저 한마디를 툭 던질 뿐이다.

"그냥 좀 공감해주면 안 돼?"

결국 너무 달라서 관계가 끝난다기보단 '스스로 바뀔 자신이 없어서'가 좀 더 정확할 것이다. 물론 모든 사람이 그렇진 않다. 힘들더라도 상대가 원하는 방식으로 표현하기 위해 노력하는 사람들도 있다. 서운한 감정을 애써 삭히며 상대에게 감정을 차근차근 설명해주는 사람 말이다. 그런 노력들을 보여주면 상대도 노력한다. 비록 이유를 들어도 무엇이 서운한지 잘 모르겠지만 당신이 노력했다는 걸 알기에 '그럴 만한 이유가 있었겠지'라며 당신을 다독여주게 되는 것이다.

스스로 바뀌면서까지 상대와의 관계에 노력했던 사람과 그렇지 않은 사람 사이엔 결정적인 차이가 있다. 이미 지나간 사람을 얼마나 자주 떠올리느냐다. 관계에서 최선을 다하지 않았다면 자꾸만 뒤를 돌아보게 된다. 다른 누구를 만나더라도 자연스럽게 그 사람이 떠오르면서 뒤늦은 후회를 하게 되는 것이다.

인간관계에 관한 대화를 하면서 느낀 건 모두가 만나길 원하는 사람의 모습이 크게 다르지 않다는 것이다. 문제가 생겨도 대화로 잘 풀어갈 수 있는 사람, 각자의 다름을 인정해줄 수 있는 사람을 원했다. 그런데 정작 본인부터 노력하는 사람은 적었다. 화가 나면 아예 대화 자체를 피하거나, 자신이 원하는 것만을 강하게 주장하거나, '나는 맞고 너는 틀렸다'는 식으로 행동하게 된다.

정말로 괜찮은 사람은 누구와도 잘 맞춰나간다. 결국 가장 중요한 건 '맞춰나가기 위해 스스로는 어떤 노력을 하고 있는가'다. 자신이 원하거나 부족한 부분을, 이미 그것을 가진 상대를 통해 충족하려는 건 좋지 못한 행동이다. 어쩌다 운 좋게 그런 방식으로 원하는 것을 얻더라도, 그다음에도 원하는 것이 생기면 또다시 그런 사람을 찾아 곁에 두어야 할 것이다. 그것이 계속 반복되면 그 사람은 누군가 곁에 없으면 아무것도 하지 못하게 된다.

상대와 아무리 잘 맞더라도 다른 부분은 당연히 있다. 그렇기에 잘 맞는 사람을 찾는 것보다 맞지 않는 부분을 어떻게 맞춰나갈지 고민하고 행동해보는 연습이 필요하다. 결국 본인이 가진 단점을 어느 정도 극복하려고 하지 않으면, 누구를 만나더라도 좋은 관계를 오래 유지하긴 힘들다. 운동은 전혀 하지 않으면서, 좋은 음식과 값비싼 약만 먹는다고 건강이 좋아지지 않는 것처럼 말이다. 좋을 때 좋은 것보다 좋지 않은 상황에서도 서로를 이해하고 감싸주려 하는 것. 그런 사람이야말로 누구를 만나도 잘 맞는 사람이 아닐까.

좋은 사람을 만났을 때
느껴지는
4가지 변화

막연히 '어떤 사람이 좋은 사람일까'라는 고민이 들 때가 있다. 정말로 좋은 사람을 만나게 되었을 때 생기는 변화는 다음과 같다.

1. 만나고 난 후 힘이 생긴다

누구와 함께 있었는지에 따라 만남 후 기분이 달라진다. 집에서 출발할 때는 힘이 넘쳤는데 상대와 만나고 나서 유독 피곤함이 느껴질 때가 있다. 반대로 퇴근 후 지친 몸으로 겨우 약속장소에 도착했지만 시간이 어떻게 지나갔는지 모를 정도로 즐겁고 헤어지는 게 아쉬울 때도 있다. 좋은 사람, 자신과 잘 맞는 사람을 만나면 에너지가 충전된다.

2. 만남의 횟수나 빈도에 초연해진다

정말로 좋은 사람을 만나 보면, 상대와의 연락이나 만남의 횟수가 별로 중요하지 않게 된다. 만나지 못하면 아쉽긴 하지만 불안하거나 초조한 기분은 전혀 들지 않는다. 오히려 그러한 아쉬움이 다음 만남에 대한 기대감으로 바뀐다.

소설 《어린 왕자》에는 어른들이 숫자를 좋아한다는 문장이 나온다. 어른들은 상대의 집에 대해 이야기할 때 집이 얼마나 아름다운지, 창문은 어떤 모양인지, 화단엔 어떤 꽃들이 있는지는 물어보지 않는다. 그저 "그 집은 얼마짜리니?"라고 물어볼 뿐이다. 숫자 또는 횟수에 집착할수록 본질보다 겉으로 보이는 것만을 중요시한다는 이야기다.

"적어도 1시간 안엔 연락을 해줘야지"라거나 "일주일에 최소 세 번은 만나야지"라는 식으로 누군가와의 관계에서 숫자와 횟수에 집착하지 않게 된다. 정말 좋은 사람을 만나면 그 사람과의 관계 그 자체에 의미를 둔다. 서로의 연결이 튼튼하다는 것을 이미 잘 알고 있기에 굳이 이러한 것들에 집착하지 않게 된다.

3. 대화가 끊이질 않는다

억지로 대화를 이어가려는 것만큼 힘든 것도 없다. 또한 대화만큼 상대와의 관계가 어떤지 보여주는 것도 없다. 누군가를 만나 얼마나 다양한 주제들에 대해 말하고, 그것이 부드럽게 이어지는가를 보면 평소 서로를 어떻게 생각하는지 알 수 있다.

나는 친한 사람들과 같은 현상에 대해 각자 어떻게 생각하는지 말하고 듣는 걸 좋아한다. 인간관계, 꿈, 가족, 현재 관심 있는 것 등 추상적인 주제들로 대화를 하다 보면 각자 살아온 환경과 경험한 바가 다르기에 다양한 이야기를 들을 수 있다. 거기서 대화가 또 파생되면서 몇 시간이 훌쩍 지나가버린 적도 많았다.

다른 사람이 보기엔 별것 아니지만 그런 소소한 대화들에서 우리는 큰 즐거움을 느낀다. 때로는 진지하게 때로는 유쾌하게 농담도 하면서 대화를 하다 보면 즐거운 건 기본이고 덤으로 새로운 관점에서 현상을 바라볼 수 있다. 대화를 한 지 얼마 되지도 않았는데 '벌써 시간이 이렇게 됐다고?'라는 생각이 들었다면, 당신과 상대는 서로에게 좋은 사람일 확률이 높을 것이다.

4. 입에 발린 말만 하지 않는다

정말로 누군가를 아낀다면 좋은 소리만 할 수 없다. "넌 잘하고 있어", "지금도 충분해"와 같은 말들은 듣는 사람에게 좋은 영향을 준다. 하지만 사람이 매번 잘할 수는 없다. 아무리 스스로 객관적인 판단을 하려고 노력한들 우리는 자기 자신에 대해서 100% 이성적인 사고를 할 수 없다. 그렇기에 곁에 있는 사람들의 조언을 새겨들어야만 할 때도 있는 것이다.

쓴소리라도 되도록이면 부드럽게 표현하는 것 자체가 상대를 위하는 마음이다. 또한 그 말이 당장은 기분이 상할지라도 자신에게 필요하다고 생각하면 받아들일 줄도 알아야 한다. 결국 서로를 위해 좋은 말이든 그렇지 않은 말이든 표현할 수 있으며 그 의미를 잘 해석하는 것도 중요하다.

결국 좋은 사람은 내가 좋은 사람이 된 것처럼 느끼게 해줄 수 있는 사람이 아닐까? 이런 긍정적인 관계를 이루기 위해서는 나 또한 좋은 사람이 되어야 한다. 정신적으로 성숙한 사람을 곁에 두고 싶다면, 자신도 그런 면을 어느 정도 키워야 한다. 누구나 좋은 사람을 만나고 싶어 한다. 그리고 좋은 사람을 만나기 위해선 눈이 필요하다. 좋은 사람과 그렇지 않은 사람을 구분할 수 있는 안목 말이다. 그 안목을 기르기 위해선 다양한 사람을 만나야 하고, 그로 인해 상처를 받는 과정 또한 겪을 것이다. 하지만 그 과정을 통해서 사람은 점점 성숙해지고 좋은 인간관계를 이룰 수 있는 방법을 찾아간다.

좋은 사람을 더 많이 곁에 두길 원한다면, 좋은 사람을 만났을 때의 긍정적인 변화를 경험하고 싶다면, 당신 또한 타인에게 그만한 가치를 줄 수 있는 사람이 되어야 한다. 우리는 그 것을 위해서라도 정체되어 있기보다는 계속 도전하고 행동해야 한다. 그것이 좋은 사람을 곁에 둘 수 있는 사람이 갖춰야할 최소한의 조건이 아닐까.

관계의 균형을
지킬 줄 안다는 것

관계에서 가장 중요한 것은 균형이다. 어떤 관계든 지나치게 한쪽으로 쏠리면 오래 지나지 않아 문제가 생긴다. 도움을 줄 때도 받을 때도 다르지 않다. 만약 누군가에게 도움을 주고 싶다면, 그 사람이 손을 뻗었을 때 잡을 줄도 알아야 한다. 충분히 자신의 힘으로 가능하거나 지금 당장 필요하지 않더라도, 도움을 받아들일 줄 알아야 상대 또한 반대 상황에서 나의 도움을 기꺼이 받을 수 있는 것이다.

친구들도 여러 유형이 있다. 자신의 말에 무조건적인 공감을 해주길 바라는 사람이 있는가 하면, 직설적인 조언을 원하는 사람도 있다. 공감을 해주는 사람들도 다양한 부류가 있다. 상대의 말에 정말 공감해주는 사람도 있지만, 이른바 '영혼 없는 리액션'을 하는 사람도 있다. 이성적인 조언을 하는 사람도 마찬가지다. 객관적인 사실을 바탕으로 논리적으로 말하는 사람, 말은 그럴싸하지만 그 근거가 막연한 추측뿐인 사람도 있다.

상대가 무슨 말을 하든 일단 조언부터 하는 사람도 있다. 우리가 힘든 상황에 처해 있을 때 지나치게 객관적인 조언을 들으면 서운한 마음이 생기기도 한다. 믿었던 상대가 자신의 입장이 아닌 도리어 자신에게 상처를 준 사람의 입장에서 말을 하면 누구나 그럴 것이다. 조언보다 공감을 바탕으로 한 따뜻한 말 한마디가 더 나은 상황을 만드는 경우도 많다.

그렇다고 해서 공감이 모든 걸 해결해주진 않는다. 오히려 그런 공감은 너무나 달콤해서 문제를 해결할 때 훨씬 해가 되기도 한다. 불규칙한 생활로 건강상의 문제가 생기고 있는 사람에게 "지금도 괜찮아"라고 말한다면 어떨까? 회사에서 받는 스트레스 때문에 충동적으로 퇴사하려는 사람에게 "돈이야 어떻게든 벌면 되지"라고 한다면? 공감은 듣기엔 좋지만 아무것도 책임져주지 않는다는 것을 기억하라. 타인의 공감에만 기댄다면 스스로를 객관적으로 보지 못하게 된다.

또, 지나친 배려를 해서 오히려 상대에게 부담을 주거나 반대로 너무 편하게 대하다가 선을 넘기도 한다. 실수는 누구나 한다. 그러나 그것에 너무 얽매이면 비슷한 실수를 반복하게 된다. 인간관계에서 실수가 잦았던 사람 대부분은 상대와의 관계를 지나치게 신경 쓰곤 했다. 섬세한 성격으로 타인에 대한 기본적인 배려심이 있었으며, 자신의 실수에 대해 일정 부분은 인정할 줄 아는 사람이었다. 이상하지 않은가? 이렇게만 보면 이들이 인간관계에서 실수를 할 이유는 거의 없어 보인다. 아이러니하게도 그들이 타인과의 관계를 망치는 가장 큰 이유는 바로 신경만 쓰고 내려놓을 여유가 없었기 때문이었다.

당신이 연인과 데이트를 하기로 했다고 해보자. 상대가 기다릴까봐 매번 약속장소에 10분 먼저 도착한 당신은 상대에게 이런 기대를 품을 수 있다.

'내가 계속 일찍 도착했단 걸 알았으면 상대도 5분 정도는 빨리 와줄 수 있는 거 아닌가?'

하지만 상대는 당신의 기대처럼 약속 시간에 일찍 나오지 않았고, 당신은 상대에게 실망하게 된다. 일방적인 배려를 하고서 상대 또한 그처럼 해주길 바라는 건 바람직하지 않다.

공감을 잘해도 현재 상대에게 공감이 오히려 독이 될 것 같다면 자제할 수 있는 사람. 이성적인 조언을 잘하지만 현재 상대가 너무 힘들어 보이면 묵묵히 이야기를 들어줄 수 있는 사람. 누구나 타고난 성향은 있지만 적당히 조절해서 표현할 줄 아는 사람은 쉽게 보기 힘들다. 어떤 관계에서든 이러한 '적당함'을 아는 것이 중요하다. 나는 어떻게 하고 있는지, 상황에 따라 배려의 형태와 양을 조절할 수 있는지 살펴보고 관계의 균형을 지켜 나가자.

행동의 가성비가
좋아지는 사람을 만나자

당신도 친구들과 약속을 잡을 때 이런 일들이 종종 있었을 것이다. 유독 시간이 맞지 않거나 약속을 잡아도 갑작스러운 일이 생겨 결국 만나지 못한 적 말이다. 겨우 얼굴을 보더라도 대화가 툭툭 끊기거나 무언가 말하기 힘든 불편함이 느껴지는 사람들이 있다. 그와 반대로 힘들이지 않고 자주 만나거나 오랜만에 만나도 물 흐르듯 대화가 이어지는 사람도 있다. 후자에 비해 전자의 사람들에게 더 많은 시간을 들이는데도 왜 관계의 만족도는 훨씬 더 떨어지는 것일까.

서로가 만나고 싶어 하는데도 이상하리만큼 약속 잡기가 힘든 사람들이 꼭 있다. 내가 시간이 되는 날엔 상대가 약속이 있고, 반대로 상대가 괜찮다고 하는 날엔 내가 선약이 있거나 하는 등 말이다. 그러다 드디어 얼굴을 보면 처음엔 훨씬 더 반가운 마음이 들지만 만나게 되더라도 이상한 일들은 끊이지 않는다. 가기로 했던 곳이 임시휴업을 하거나 차가 막혀서 시간이 지체되는 등 누군가 일부러 훼방을 놓는 것 같은 일들이 벌어지는 것이다. 또한 대화를 나눠도 좋아하는 관심사가 다르거나 상대의 말이 잘 이해가 되지 않는 경우도 많다. 결국 다른 사람들보다 훨씬 더 큰 에너지를 들여 만났음에도 그만큼 즐겁지 않은 것이다.

　　반면 뭘 해도 자연스럽게 만나게 되는 사람도 있다. 서로가 바쁜 시기를 보내고 있어도 만나기로 한 날만큼은 별일이 없다. 심지어 평일에 잠깐 짬을 내서 만나도 쉬지 않고 대화가 이어지기도 한다. 남들과는 3시간 동안 나눌 대화를 그 사람과는 압축하여 나눌 수 있게 되는 것이다. 오랜만에 만나도 마치 어제 만난 것처럼 어색하지 않으며, 관심사 또한 비슷해서 웃고 떠들다 보면 어느새 몇 시간은 훌쩍 지나 있을 때가 많다.

예전에 한번 그런 적이 있다. 지인과 약속을 잡았는데, 지인의 갑작스러운 일정 때문에 약속이 취소되었다. 나는 어차피 시간을 비워놨던 터라 그날 바람도 쐴 겸 카페에 갔는데, 지인과 연락을 하던 중 뜻밖의 사실을 알게 되었다. 바로 지인이 있던 곳이 내가 가기로 했던 카페와 그리 멀지 않았던 것이다. 심지어 지인의 일정이 끝나는 시간과 내가 카페에 도착하는 시간과 비슷해서 예정대로 카페에서 만날 수 있었고, 여느 때처럼 대화를 하며 즐거운 시간을 보낼 수 있었다.

신기하지 않은가? 노력을 해도 점점 멀어지는 사람이 있고, 약속이 틀어져도 간단히 만나게 되는 사람이 있다. 이것은 나나 상대의 성격이 별로라던가, 상황이 좋지 않다던가 그런 것과는 별개인 것이었다.

이런 일들을 여럿 겪으면서 내린 결론이 있다. 바로 만날 사람은 어떻게든 만나게 된다라는 것이다. 그 사람이 어떤 사람인지와 관계없이 내가 만나게 될 사람은 얼추 정해져 있는 것이 아닐까. 인연이라면 자연스럽게 만나게 되지만 인연이 아닌 사람과 만나기 위해선 엄청나게 많은 시간과 공을 들여야만 거우 만나게 될 수 있다는 것이다.

그렇다고 해서 인연이라면 노력을 하지 않아도 된다는 말은 아니다. 어떤 관계든 노력하지 않으면 결코 오랫동안 이어질 수 없다. 좋아하는 노래의 가사에 '사랑을 노력한다는 게 말이 되니'라는 소절이 있다. 정말로 사랑한다면 노력하지 않아도 자연스럽게 흘러갈 거라고 생각할 수도 있다. 그러나 이런 생각도 든다. 어쩌면 저 가사 속의 주인공은 인연이 아니었던 사람에게 지나치게 노력했던 건 아닐까.

그토록 잘해보고자 노력했지만 번번이 생각처럼 풀리지 않았던 관계에 대해서 '내가 부족해서'라며 원인을 찾았던 게 아닌가 싶다. 어쩌면 그 사람을 좋아한 게 아니라 '뜻대로 풀리지 않는 이 상황을 이겨내고픈 마음'이 아니었을까 하는 생각도 든다. 상대와 내가 인연이 아니라는 결론을 내린다는 건 스스로 가장 상처를 받을 수밖에 없으니까.

정말로 잘 맞는 사람을 만나면 '행동의 가성비'가 매우 좋아진다. 아마 경험해본 사람들은 알 것이다. 안부를 묻다가 약속이 잡히기도 하고, 한쪽이 힘들어도 다른 쪽이 마음에 여유가 있어 그것을 받아줄 수 있게 된다. 인연이 아니라면 이와는 정반대일 것이다. 한참 전에 잡아놓은 약속도 결국 깨지거나 서로가 똑같이 힘들다 보니 상대의 힘듦을 이해하기보다는 서로가 예민하게 받아들이게 되는 것이다.

현재 곁에 있는 사람들과 의견이 잘 맞지 않는다고 해서 섣불리 그 사람과 인연이 아니라는 결론을 내리진 않았으면 한다. 이 세상 그 어떤 사람도 내 마음에 쏙 들게 행동하진 못한다. 단순히 자신의 마음에 드는 행동을 하는 것보다 그 사람과 나 사이에 존재하는 대부분의 문제들이 빠른 시일 내에 자연스럽게 해결되거나 대화로 잘 풀리는 게 중요한 것이다. 만약 곁에 있는 사람들 중 그 누구와도 만족하지 못한다면 스스로를 되돌아볼 필요성도 있다. 나와 잘 맞는 사람을 찾는 것도 중요하지만 내가 누구와도 잘 맞을 수 있는 사람이 되는 게 훨씬 더 빠르고 편한 길이니까 말이다.

시작부터
끝이 보이는
관계가 있다

처음 만난 사람과 대화를 하다 보면 '이 사람과는 오랫동안 알고 지내긴 힘들겠다'란 생각이 들 때가 있다. 사람 일이란 게 어떻게 될지 모른다고 하지만 처음부터 그런 생각이 든 사람과는 대부분 관계가 끊어지고 말았다.

처음부터 끝이 보이지만 여러 이유로 인해 관계를 지속해야만 할 때도 있다. 상대의 능력이 필요해서, 그 사람이 너무 좋아서, 배울 점이 많아서 등등. 하지만 누군가를 만나야 하는 이유가 너무 확고하다는 건 그것이 사라지면 그 사람을 만날 이유가 없다는 말과 같다. 비유하자면 '유통기한이 정해진 사람'이다. 사실 사람에겐 유통기한이 없다. 그걸 정하는 건 오로지 상대를 대하는 자신에게 달려 있을 뿐이다.

불행한 끝이 보이는데도 시작하는 관계는 대부분 어쩔 수 없는 상황 때문인 경우가 많다. 하지만 간혹 어떻게 끝날 것이란 걸 알면서도 자신의 의지로 관계를 시작하는 사람이 있다. 좋지 않은 결말이 충분히 예상 가능한데도 관계를 시작하는 사람들. 이들 대부분은 현재의 행복에만 초점을 맞춘 채, 다가올 결말에 대해선 생각하지 않는다.

만나는 사람은 달라도 과정은 하나같이 비슷했다. 상대가 가진 특정한 부분에 끌려 만나기 시작한다. 하지만 시간이 갈수록 처음과 다른 태도에 조금씩 상처를 받는다. 다툼이 잦아지고 생각이 많아지다가 도저히 이해할 수 없는 일들로 인해 결국 관계에 마침표가 찍히게 된다.

관계를 맺고 끊는 방식도 버릇이 된다. 나쁜 남자, 나쁜 여자 위주로 만난 사람들은 다정하고 편안한 사람과 관계를 시작하는 것조차 힘들다. 그들에게 사랑은 잘 풀리지 않는 관계를 다투며 맞춰나가는 과정이었기 때문이다. 그들 중 일부는 오히려 다투지 않는 것을 불안해하기도 한다. 평화롭고 안정된 상태가 오랫동안 지속된 적이 없기에 그런 시간이 길수록 '서로 사랑하지 않고 있다'라고 자신도 모르게 생각해버린다.

자신이 해왔던 연애가 항상 힘들고 불안했다면, 사랑하는 방식에 대해 깊게 생각해볼 필요가 있다. 상대가 주는 사랑이 부족했던 게 아니라 마음 한편에 뚫린 구멍으로 사랑이 새고 있었던 건 아닌지 말이다. 많은 고난과 시련을 힘들게 극복하는 것만이 사랑은 아니다. 큰 다툼 없이 무난하게 흘러가는 사랑도 있으며 그것을 유지하는 것 또한 서로의 부단한 노력이 필요하다는 것을 기억하길 바란다.

이유 모를 불안함은
관계를 끝내라는 신호

다정하고 착한 사람. 거짓말을 일삼고 나쁜 짓을 저지르는 사람. 근본부터 다른 이 두 성향이 과연 한 사람에게 공존할 수 있는 것일까. 더 나아가 그러한 차이를 전혀 티나지 않게 감추고 살아갈 수 있을까. 모든 사람은 상황에 따라 다른 가면을 쓰고 살아간다. 하지만 가면을 바꿀 때 나타나는 순간적인 차이까지 감출 수는 없다.

근본적으로 뿌리내린 마음은 언젠간 드러난다. 평소에 숨기고 있던 가치관이나 신념은 본인도 인식하지 못하는 사이에 자연스레 말과 행동에 묻어나온다. 또, 뭔가 자신의 마음에 들지 않거나 화가 나면 180도 다른 사람으로 변해서 주먹이나 발로 벽에 화풀이를 하는 등의 행동을 하기도 한다.

평소에는 다정하고 말도 예쁘게 하는 사람(A)과 만나고 있는 사람(B)이 있다고 해보자. 식사를 하기 위해 들어간 식당에서 메뉴를 고르고 주문을 하는데 마침 A가 고른 메뉴의 재료가 소진이 됐다는 얘기를 듣게 된다. A는 순간 버럭 화를 내며, '그런 건 미리 말을 해줬어야 하는거 아니냐'며 종업원에게 무섭게 따진다. B는 그런 A의 모습을 보며 속으로 당황하지만 이내 스스로에게 말한다.

'저 정도까지 화낼 일은 아닌데… 뭐, 그만큼 먹고 싶었나 보지.'

식사를 마친 둘은 산책 도중 길에서 인형 뽑기 기계를 발견한다. B는 A의 기분을 풀기 위해 A에게 인형 뽑기를 해보자고 제안한다. 그렇게 A는 호기롭게 도전하지만 될 듯 말 듯 자꾸만 입구에서 떨어지는 인형을 보며 또다시 슬슬 화를 내기 시작한다. 그런 A를 보며 B는 이제 할 만큼 했으니 가자고 하고, A는 여전히 분이 풀리지 않은 표정으로 일어서더니 '이거 완전 사기 아냐'라는 말과 함께 기계 아랫부분을 발로 쿵 걷어 찬 뒤 구시렁거리며 길을 걸어간다. B는 그런 A의 모습에 무언가 불안함을 느끼지만 '나라도 이런 상황에선 화가 났을 거야'라며 애써 스스로를 납득시킨다.

관계가 정리되고 나서 상대와 있었던 일들을 떠올려보면 '그때 왜 그걸 눈치채지 못했을까' 하는 순간이 한 번쯤 있었을 것이다. 그 당시엔 넘어갔지만 이유 모를 불안함이 자꾸만 느껴졌던 순간들. 그것은 어쩌면 당신의 삶이 당신에게 보내는 일종의 경고였을지도 모른다.

물론 특정한 모습을 상대의 본성이라 의심하는 게 속단일 수도 있다. 하지만 상대에 대한 이미지와 실제로 보이는 행동의 차이가 크면 클수록 그것을 가볍게 넘겨서는 안 된다. 혹시 내가 진실보다 '자신이 보고 싶은 것'만을 보려 하지는 않았나 되짚어보자. 상대를 의심하라는 말이 아니다. 대신 상대가 내 예상과 다를 수 있다는 걸 생각해봐야 한다. 아무리 착하고 다정한 사람이라도 매우 지치고 피곤하다면 평소만큼 다정하지 않을 수도 있다. 반대로 무심하고 퉁명스러운 부분이 많은 사람도 기분이 좋을 땐 애교를 부릴 수도 있다.

현재 상대방이 평소 자신이 생각한 상대의 이미지와 다르게 행동한다면, 좋아하는 감정에만 몰두한 채 객관적인 사실들은 외면하지 말고 잘 생각해봐야 한다. 만나는 상대의 성향을 바꿀 순 없지만 적어도 그 사람을 만날지 말지 선택하는 것은 당신의 몫임을 기억하자.

사랑할수록
더 외로워지는 이유

누구나 자신이 꿈꾸는 사랑이 있다. 하지만 꿈꾸던 사랑을 하더라도 상상한 만큼 그리 행복하지만은 않다고 느낀 적은 없었는가. 사랑하는 사람에게 바라던 장미꽃 100송이를 받았지만 막상 어떻게 보관해야 할지 막막했던 순간처럼 말이다. 왜 분명 내가 바라던 일인데 생각보다 기쁘지 않고 어딘가 불편한 느낌까지 드는 걸까? 내가 바라던 사랑의 형태가 실은 나와 맞지 않을 때 우리는 혼란스러움을 느낀다. '이게 아닌데' 하는 생각을 지울 수 없는 이유를 모르겠다면, 자신이 원하는 사랑의 형태와 자신의 성향이 다른 건 아닌지 고민해봐야 한다. 그게 아니라면 상대에게 이것저것 요구하기만 바쁘고 나를 기쁘게 해주려 노력한 상대방의 기분을 상하게 할 수도 있다.

우리는 타고난 성향과 경험까지 더해 만들어진 주관을 기준으로, 가족, 일, 건강 등 다양한 대상들에 대해 각자만의 방식으로 해석한다. 누군가에게 가족은 무엇과도 바꿀 수 없는 존재지만 다른 사람에겐 남보다 못한 존재이기도 하다. 돈이란 자신에게 필요한 것들을 사기 위한 화폐 정도로 생각하는 사람이 있는 반면 '이 세상 모든 것을 가질 수 있는 도구'라 믿는 사람도 존재한다.

정의 내릴 수 있는 것 중 사랑만큼 그 기준이 다양한 게 있을까. 지금껏 사랑의 가치관이 똑같다고 말한 연인은 보지 못했다. 왜냐하면 사랑은 인간을 뿌리부터 흔들어서 사랑에 빠지기 전후 가치관이 달라지는 경우가 아주 많기 때문이다.

내 경우엔 사랑을 하더라도 일상을 유지하는 것이 우선이었다. 누군가를 사랑해도 내 시간이 반드시 필요했다. 사랑한다는 이유로 구속하거나 내 시간을 지나치게 빼앗긴다는 생각이 들 때 마음이 차갑게 식은 적도 많았다. '사랑해도 해야 할 건 해야지'라는 것이 내가 생각하는 사랑의 정의였다.

그런데 최근 만나는 사람이 생기면서 이러한 정의들이 하나둘씩 변하기 시작했다. 귀찮은 걸 매우 싫어하지만 상대에게 같은 말을 몇 번씩 되풀이하는 게 아무렇지도 않았다. 예전엔 점심을 먹고 난 후 쉬기도 시간이 부족했는데 이젠 5분이라도 목소리를 듣기 위해 내가 먼저 전화를 하고 있었다. 퇴근 후에도 마찬가지였다.

문득 이런 변화가 어떻게 가능했는지를 생각해보니 현재의 사랑과 내가 원했던 사랑은 분명히 달랐다. 물론 원했던 사랑과 어느 정도 겹치는 부분도 있었지만 다른 부분이 훨씬 많았다. 신기한 건 원하지 않았던 부분들로 인해 스스로 전보다 훨씬 더 좋게 바뀌고 있다는 사실이었다.

나는 생각을 하고 나서 움직이는 편이지만 상대는 모든 면에서 움직인 후에 생각을 하는 사람이었다. 처음엔 그게 잘 이

해가 되지 않았다.

'조금만 더 생각하고 움직였다면, 덜 힘들었을 텐데.'
'미리 찾아봤으면 더 빨리 왔을 텐데.'

그러나 이제는 이런 것들이 그다지 중요하지 않다는 걸 알게 되었다. 내가 그 사람 외에 다른 것들도 고려하고 있을 때 그 사람은 오로지 나만을 생각하고 있었다. 여전히 우리는 서로의 모든 걸 이해하지 못한다. 그럼에도 불구하고 이제는 나도 어떤 부분에선 그 사람처럼 생각하고 행동하려고 한다. 이해하지 못해도 어떠한가. 이렇게 생각하는 게 지금도 신기할 따름이다.

이른바 '좋은 사랑'을 하는 사람들과 아닌 사람들의 차이는 '어떤 사랑이 자신과 잘 맞는지를 잘 알고 있는가, 아닌가'에 있다. 내가 원하는 것이 꼭 나와 잘 맞는다고 말할 수 없다. 내가 원하는 사랑과 나에게 실제로 도움이 되는 사랑에는 차이가 있을 수 있다. 혼자일 때보다 누구를 만나면서 더 많은 고독과 외로움을 느낀다면 이러한 이유 때문이다.

자신과 맞지 않는 사랑을 계속하는 건 알레르기 있는 음식을 자꾸 먹는 것과 같다. 힘들 걸 뻔히 알면서 본인이 시작한 뒤 '힘들다', '서운하다', '왜 나만 이런 건가'라며 불평하는 사람들이 있다. 자신에게 익숙한 사랑이 자꾸만 스스로를 힘들게 한다면, 다른 형태의 사랑을 시도해야 한다.

어떤 사랑이든 결국 서로가 좋고 행복하면 문제가 없다. 만약 한쪽이 희생하고 다른 쪽이 받는 데 익숙하더라도, 그들 서로가 그것을 사랑이라 생각한다면 그것 또한 사랑이다. 물론 그러한 사랑이 언제까지 유지될 수 있을지는 모르지만 그건 그들이 알아서 할 문제이지 다른 이들이 왈가왈부할 사항은 아니다. 하지만 자신이 원해서 시작한 사랑으로 인해 힘든 시간이 반복된다면, 자신과 잘 맞는 사랑이 무엇인지에 대해 깊게 고민하는 시간과 그에 걸맞은 행동이 필요할 것이다. 우리가 누군가를 만나 사랑하는 건 성취나 우월감을 느끼기 위함이 아닌 서로 행복하기 위해서라는 걸 잊지 말자.

가장 나답게
누군가를 만나기 위해서
알아야 할 것

최근 직접 경험하고 굉장히 공감할 수 있었던 말이 있다. '가장 나다운 모습을 보여줄 수 있는' 사람을 만나라는 말이다.

이전의 연애를 돌이켜보면 '나다운 모습'으로 관계를 맺지 못했다. 불안정한 상황에서 누군가를 좋아할 때 오는 열등감과 자격지심 등으로 인해 굳이 보지 않아도 될 눈치를 더 봤다. 그러다 최근 연애를 시작하고 나서부터 모든 게 조금씩 달라졌다. 연애를 하면서도 있는 그대로 표현하고 행동할 수 있었던 가장 큰 이유는 과거와 다른 사랑의 기준으로 다른 사람을 만난 덕분이다.

처음부터 서로에게 호감이 있던 건 아니었다. 서로가 이성적인 호감을 느끼는 부분을 많이 가지고 있지 않았다. 그럼에도 불구하고 잘 만나고 있는 이유는, 서로 있는 그대로의 자신을 상대에게 편하게 내보일 수 있어서이다. 또한 서로가 상대를 있는 그대로 보려고 노력하기 때문이기도 하다. 그렇다면 상대를 있는 그대로 보기 위해선 어떻게 해야 하는 걸까?

있는 그대로의 자신을 드러내기 위해서는 우선 스스로 어떤 사람인지 잘 알아야 한다. 하지만 아무리 자기 자신을 잘 알고 드러내더라도 상대가 그것을 부정하거나 받아들이려고 하지 않으면 어떨까. 더 나아가 그 사람을 당신이 너무 좋아하고 있다면? 아마 있는 그대로의 자신을 보여주기보다 상대가 원하는 사람으로 변하는 데 더 많은 시간과 에너지를 쏟을 것이다.

사랑하는 사람을 위해 변하는 것도 사랑이다. 그러나 상대가 바라는 나의 모습과 내가 알고 있는 '진짜 나'와의 괴리감이 점점 커진다면 서로가 힘들 수밖에 없다. 쉬는 날 집에서 책을 읽거나 음악을 듣는 등 한가로운 여유를 즐기는 사람과 휴일엔 무조건 야외 활동을 하거나 사람들을 만나야 스트레스가 풀리는 사람이 만났다고 상상해보라.

가지고 있는 결이 다르면, 좋아하는 마음이 크고 서로 노력해도 흡사 제자리걸음을 하고 있는 기분이 들 때가 있다. 있는 그대로의 나를 보여주며 행복한 연애를 하기 위해서는 어느 정도 결이 비슷해야 한다. 그다음 단계는 타협과 내려놓기다. 비슷한 성향을 가진 사람을 만나도 결국 나와 상대는 다른 사람이다. 큰 틀이 비슷하다고 해서 그 안에 세부적인 것들까지 비슷할 거라고 혼자 결론을 내려선 안 된다.

그래서 우리는 상대방과 타협해야 하나. 여기서 말하는 타협이란 대화를 통해 중간 지점을 찾아가는 것을 말한다. 성공적인 타협을 하기 위해서는 자신이 원하는 것만 말해선 안 된다. 왜냐하면 그것은 타협이 아닌 설득이나 강요이기 때문이다. 자신이 원하는 것뿐만 아니라 상대가 원하는 것도 경청하는 태도를 지녀야 한다. 결국 좋은 타협을 하기 위해선 자신의 의견을 표현하는 동시에 상대의 의견도 어느 정도까지 포용할 줄 알아야 한다.

이 과정에서 내려놓기가 필요하다. 똑같이 상대의 요구를 들어주면서도 '그래. 내가 원하는 걸 저 사람도 들어주는데 나도 이 정도는 해야지'와 '진짜 해주기 싫은데 어쩔 수 없이 한번 참아준다'는 전혀 다른 결과로 이어진다. 내려놓지 못하고 억지로 참거나 넘어가준다는 식으로 생각하면, 언젠가 한번은 크게 마음이 곪아 터지게 된다.

타협과 내려놓기가 힘든 이유는 크게 2가지다. 처음부터 서로가 가진 결이 너무 다르거나 과거부터 현재까지 자기밖에 모르고 살아왔거나. 나답게 누군가를 만나기 전까지는 연애는 항상 힘든 것이라 생각했다. 상대가 원하는 걸 맞춰주고 들어주는 것만이 사랑이라 생각했기 때문이다. 하지만 이제는 안다. 하나부터 열까지 모든 걸 맞춰갈 수는 없다는 걸 말이다. 시작부터 어긋난 관계를 하나씩 맞춰가고 그 과정에서 사랑을 느끼는 것보다 나와 결이 비슷한 사람을 만나는 게 훨씬 편하다. 10개 중 7-8개가 다른 사람을 만나 하나씩 맞춰가는 것보다

2-3개 정도가 다른 사람과 만나 차이가 나는 부분을 조율하는 게 가장 좋은 것이다. 나다운 연애는 결코 이기적인 연애를 하라는 말이 아니다. 상대의 색깔에 물들지 않은 채 당신의 색을 유지하는 것. 동시에 당신의 색뿐만 아니라 상대의 색 또한 아름답다고 인정하는 것. 그것이 바로 '나다운 연애', '나다운 삶'을 사는 것이다.

만날수록
힘을 받는
관계를 이루자

만날수록 진이 빠지고 힘든 사람들이 있는 반면 오랜 시간 함께 있어도 막상 헤어지면 아쉽다는 생각이 드는 사람들 또한 존재한다.

퇴근 후 지인들과 만나기로 한 날이었다. 날씨도 춥고 일이 끝난 후라 모두가 지친 티가 역력했다. 하지만 막상 대화를 나누다 보니 밤이 깊어갈수록 처음보다 오히려 활기찬 상태가 되었다. 집으로 가는 차 안에서 한 명이 이런 말을 했다. 자신은 사람을 만날 때 에너지를 많이 쓰는 편인데, 여기서는 오히려 에너지를 받고 가는 기분이라고. 나 또한 상대방의 말에 깊이 공감했다.

'만나서 에너지를 받을 수 있는 사람들.'

그런 사람이 될 수 있고, 그런 사람을 만날 수 있다는 것에 대해 감사한 마음이 들었다.

한때 모든 사람의 말에 일희일비한 시절이 있었다. "고맙다, 미안하다, 좋아한다"는 말들에 감정이 오르락내리락을 반복했고, 그때 그 인연이 평생 갈 것처럼 여기곤 했었다. 그러다 어느 순간부터 그들이 하는 말과 행동이 조금씩 어긋나기 시작했다. 보고 싶다고 말하면서 연락 한번 없다거나 미안하다고 말하면서 매번 비슷한 실수를 반복하는 등 말이다. 자기가 힘들 땐 그렇게 연락을 먼저 하면서 정작 내 생일 땐 연락 한 통 없던 사람들도 있었다.

그렇게 나도 조금씩 변하기 시작했다. 번지르르한 말보다 마음을 담은 행동 하나에 더욱 비중을 두었다. '해야지'라고 말하면서 아무것도 하지 않는 사람보다, 별말 없이 묵묵히 해야 할 것을 하고 있는 사람에게 저절로 눈길이 갔다. '오늘은 피곤해서 못 볼 것 같아'라고 하는 사람보다, '빠듯하긴 해도 30분 정도는 볼 수 있을 것 같아'라고 말하는 사람을 만났다.

물론 나 또한 중요하게 생각하는 것들을 제대로 하지 못할 때가 많다. 에너지를 북돋아줄 수 있는 관계를 만들기 위해서는 나 또한 노력해야 한다. 좋은 사람을 만나고 싶다면 스스로 좋은 사람이 되는 것이 먼저다. 힘든 상황에서도 말을 예쁘게 하고, 할 일들을 미루지 않고 해야 한다. 언뜻 봐도 우리가 모르는 말은 단 하나도 없지만 행동으로 옮기는 사람은 매우 적다. 그래서 이런 것들을 이미 잘하는 사람들을 곁에 더 많이 두려고 한다. 그들에게 동기 부여를 받고 좋은 에너지를 충전하고, 나 또한 그들에게 그런 사람이 되려고 노력한다. 근묵자흑(近墨者黑)이라는 말처럼 사람은 주변 환경에 쉽게 물들곤 한다. 아무리 의지가 강해도 곁에 부정적인 사람이 많으면 강철같은 의지도 쉽게 꺾이곤 한다.

단지 사람이 고프다는 이유만으로 자꾸만 새로운 사람들을 곁에 두려 하는 건 큰 의미가 없다. 예쁘다는 이유만으로 옷을 잔뜩 사서 옷장에 가득 채워놓았는데, 나중에 입어보니 전혀 어울리지 않는 모습을 상상해보라. 자신에게 무슨 옷이 잘 어울리는지 모르는 채 옷을 사는 건 단순한 돈 낭비로 끝나지만 자신의 곁에 있는 사람들이 스스로에게 어떤 영향을 미치는지 모른 채 그냥 내버려두면, 시간이 지나 당신의 삶 자체가 흔들릴 수도 있다.

사람과의 관계에서 갈증을 느끼고 있다는 건 어쩌면 곁에 진심을 터놓고 얘기할 수 있는 사람이 없어서일지도 모른다. 이미 곁에 정말 좋은 사람들이 있다면, 굳이 새로운 사람을 더 만나고 싶은 생각이 들까. 당신은 어떤가. 당신의 에너지를 빼앗는 사람들, 반대로 당신에게 에너지를 줄 수 있는 사람들. 당신 주변엔 어떤 사람들이 더 많은지 생각해보자.

나와는 다른 사람과
잘 지내는 방법

　'친구는 끼리끼리'라는 말이 있다. 자신과 비슷한 취미나 성향을 가진 사람들과 어울린다는 것. 생각해보면 당연한 말이다. 친구들과 만나야 스트레스가 풀린다는 사람도 있고 힘들수록 혼자만의 시간이 필요한 사람도 있다. 만약 정반대의 성향을 가진 두 사람이 친구라면 어떻게 될까? 한 명이 힘들 때 다른 한 명이 열심히 위로를 해준다고 해도, 그 마음이 제대로 전달되기 어려울지도 모른다.

살아가면서 자신과 비슷한 사람뿐만 아니라 전혀 다른 사람들과 관계를 맺을 때가 있다. 평소엔 괜찮다가도 서로 다름이 확 두드러지는 순간에 맞닥뜨리면 속으로 '이 사람과 관계를 계속 유지할 수 있을까'라는 생각이 들기도 한다. 상대가 나와 다른 면이 훨씬 많이 있다는 걸 알게 되거나 그 차이를 받아들이기 힘들다고 느낄 때 우리는 어떻게 행동하면 좋을까.

나와는 다른 사람과 잘 지내기 위해 가장 중요한 부분 중 하나가 바로 '대화'이다. 오래 알고 지낸 관계라도 대화가 잘 통하지 않는 경우도 많다. 다 같이 있을 때는 괜찮은데 단둘이 있을 때 유독 어색한 친구가 있다고 해보자. 여러 명이 있을 땐 농담도 하며 웃다가 다른 친구들이 자리를 비우면 갑자기 조용해져서는 휴대폰만 만지작거리다가 친구들이 돌아오면 다시 활발한 대화가 이어진다. 그동안 많은 추억을 쌓고 서로 많은 얘기를 나눴을 텐데도 이런 일이 종종 생긴다는 건 그만큼 대화가 잘 통하는 사람을 만나기가 쉽지 않다는 것을 의미한다.

우리는 인간관계를 맺으면서 자신도 인식하지 못하는 사이 상대에 대한 착각과 선입견을 만들어내기도 한다. 이것은 고의라기보단 누군가를 알아가면서 나타나는 필연적인 실수에 가깝다. 눈앞에 있는 타인을 과거에 자신이 만난 사람과 겹쳐서 생각하거나 판단해버리기도 한다. 문제는 타인과 대화를 충분히 나눠보지도 않고 자신의 선입견을 덧씌운다는 것이다. '저 사람은 저런 말을 하니까 이런 생각을 갖고 있을 거야'라고 혼자 단정해버린다.

사과와 능금이 비슷하지만 다른 것처럼 사람 또한 마찬가지다. 비슷한 성향을 갖고 있어도 분명 다른 점들이 존재한다. 인간관계에서 같은 실수를 반복하는 사람은 과거에 관계가 틀어진 기억으로 상대를 대한다는 것이다. 비슷한 성향의 사람을 만나면 지레 겁을 먹은 채 제대로 대화조차 해보지 않고 상대를 과거에 자신이 겪은 사람과 같다고 결론을 내린다. 그러다 상대와의 관계가 틀어지면 '그럴 줄 알았다'는 식으로 마치 모든 게 상대의 잘못인 양 결론내린다.

관계에서 문제가 생겼을 때 그것을 잘 극복하는 사람과 그렇지 않은 사람의 차이는 '대화의 범위'에 달려 있다. 일상적인 대화는 잘해도, 진지한 대화는 굉장히 힘들어하는 사람이 많다.

성숙한 사람은 문제에 대해 상대와 얘기하는 것을 꺼리지 않는다. 대화를 미루거나 다른 사람에게 털어놓는 게 오해가 더 깊어진다는 걸 안다. 그들은 누군가와 생긴 문제를 주변 사람들에게 떠벌리기보단 당사자와 직접 대화하는 편이며, 대화할 땐 솔직하게 느끼는 감정들을 부드럽게 전달하려고 노력했다.

단순히 진지한 대화를 할 수 있다고 해서, 성숙한 대화를 잘한다고 할 수는 없다. 회사를 오래 다녔다고 해서 꼭 일을 잘하진 않는 것처럼, "나는 진지한 얘기를 하는 걸 좋아해"라고 말하는 사람들도 막상 대화를 해보면 말과는 다른 경우도 많다. 대화가 아닌 설득을 하려고 하거나 일반적이지 않은 자신만의 특이한 생각을 기반으로 주장을 펼치는 사람도 있다.

흔히 대화를 잘하려면 말을 잘해야 한다고 생각한다. 하지만 내가 만난 대화 잘하는 사람 중엔 꼭 달변가만 있었던 건 아니었다. 굳이 잡다한 수식어 없이, 자신이 느끼는 솔직한 생각과 감정을 담백하게 말할 뿐이었다. 타인의 감정을 상하게 할 만한 표현을 절제할 줄 안다면 그것만으로도 충분하다.

우리는 곁에 있는 모든 사람과 좋은 관계를 유지함과 동시에 그들과의 관계가 틀어질 수 있다는 것을 염두에 두어야 한다. 그렇다고 해서 너무 신경 쓰거나 지나치게 배려할 필요도 없다. 당신이 평소 생각한 것처럼 그들이 좋은 사람이라면, 그들 또한 대화가 필요한 순간이 왔을 때 당신과의 대화에 기꺼이 열린 마음으로 다가올 테니까 말이다.

사람을 대할 때는 나무를 대하듯이 하면 된다.
무화과나무에 버찌가 열리지 않는다고 화내는 건 어리석다.
상대의 부족한 부분을 나의 욕망으로 채워 넣고,
제멋대로 실망하고 다툴 필요가 없다.

- 니코스 카잔차키스

빨리 도달하는 것보다 기본적인 것들을 꾸준히 행하는 것.
그렇게 매일을 살다 보면 어느 순간부터 그토록 바라던
상상들이 일상이 된 날들을 마주하게 될 것이다.

4장

주어지는 삶에서
일궈내는 삶으로

상상을
일상으로 만드는
마음가짐

당신은 현실에 만족하며 살아가는 편인가? 아니면 이상을 꿈꾸며 살아가는 편인가? 누구나 가진 것에 감사하면서도 부족한 것에 불만을 품고 살아간다. 남들을 부러워하거나 질투하는 건 사람이라면 당연히 가지게 되는 마음이다. 때로는 열등감과 질투가 전보다 더 나은 삶을 살기 위해 노력하는 계기가 되기도 한다.

현재는 힘들어도 긍정적인 미래를 그리며 살다 보면 정말 현실로 이뤄지기도 한다. 고장난 냉동 창고에 갇힌 사람이 나는 얼어 죽을 거야라는 상상만으로 동사하거나 낫기 힘든 병에 걸린 사람에게 단순한 영양제를 치료제로 처방하자 증상이 호전되는 사례 등을 접하다 보면 상상이 우리에게 미치는 힘이 얼마나 커다란지 느끼곤 한다.

나도 힘들었던 시기에 좋은 미래를 상상하며 버틴 적이 있었다. 시간이 지나 전보다 삶이 평온해진 경험이 반복되고 나니 이젠 스트레스를 받으면 자연스럽게 한 가지 생각을 떠올린다.

"결국 이 시간도 흘러가겠지."

부정적인 상상을 멈추고 현재 내가 할 수 있는 것들에 집중하다 보면 어느샌가 괜찮아진다. 삶을 평탄하게 만들어주는 긍정적인 상상에는 2가지 전제가 있다. 먼저, '상상만 해서는 안 된다'는 것이다. 생각보다 많은 사람이 실제로는 아무것도 하지 않은 채 긍정적인 상상만 하며 그것이 이루어지기를 바란다. 멋진 몸을 원하지만 운동은 하지 않는 것. 넓은 집을 원하면서 지출은 그대로인 것. 좋은 사람을 만나고 싶다고 말하면서 퇴근 후 집에만 있는 행위들 말이다.

이루고 싶은 게 있다면 움직이면 된다. 요즘 들어 효율성에 너무 집착한 나머지 기본적인 노력조차 귀찮아하는 사람들이 많다. 빨리 살 빼는 법, 빨리 돈 모으는 방법 등 목표에 빠르게 도달하는 방법을 찾는 데만 노력하고, 정작 그 방법을 실천하는 것은 그다지 노력하지 않는다. 다이어트를 하기 위해 비싼 약은 먹어도 식단 조절이나 운동 같은, 체중을 줄이기 위한 기본적인 행동은 하지 않는 것이다.

또 다른 중요한 전제는 '상상은 하되, 그것이 반드시 이루어질 거란 기대를 버리는 것'이다. 사람들이 무언가에 실망을 하는 이유는 단순하다. 노력을 기울인 만큼 좋은 성과가 나지 않았기 때문이다. 기대한 만큼 원하는 대로 이루어질 거라 믿어서 실망했다는 것이다.

이상적인 상상만 하며 대가를 바라는 사람은 결코 진정한 행복을 누리지 못한다. 자신이 꿈꾸는 이상이 많다는 건 그만큼 자신이 현재 그 부분에 있어서 만족하지 못하고 있음을 뜻한다는 걸 기억해야 한다.

'다음 회사는 지금보다 연봉이 훨씬 더 높았으면 좋겠어'란 상상 뒤엔 현재 자신이 받는 연봉이 만족스럽지 못하다는 현실이 존재한다. '다음에 만날 사람은 훨씬 더 나를 아껴주고 사랑해줬으면 좋겠어'란 상상 뒤엔 충분히 사랑받지 못한다는 현실이 존재한다. 즉, 당신이 일상 속에서 숱한 이상을 그리며 살아간다는 건 그만큼 자신의 일상이 만족스럽지 못하다는 것과 같다.

성공한 사람들은 다음과 같이 말하곤 한다.

'열정을 갖고 무언가에 임하라.'
'자신의 한계를 뛰어넘어라.'
'끝까지 스스로를 몰아붙여라.'

이런 말들을 들으면 막연하게 가슴이 뛰곤 한다. 당장 뭐라도 시작해야만 할 것 같은 기분과 함께 1분, 1초라도 인생을 허비하고 싶지 않은 마음이 든다. 그렇게 하루를 알차게 보낸 뒤, 다음 날 밀려오는 피곤함을 느끼며 '어제 열심히 살았으니 오늘 하루 정돈 조금 쉬어가도 되겠지'라고 생각하며 원래 일상으로 되돌아갔던 경험이 다들 있을 것이다. 변하기 위해 행동했다는 것 그 자체만 놓고 본다면 충분히 칭찬받을 일이다. 하지만 오래가지 못한다는 것에 중점을 두면 의미는 조금 달라진다.

긍정적인 상상은 계기일 뿐 현실로 옮기기 위해선 실제적인 행동이 반드시 수반되어야 한다. 빨리 도달하는 것보다 기본적인 것들을 꾸준히 행하는 것. 그로 인한 대가나 성과를 지나치게 기대하지 않는 것. 그렇게 매일을 살다 보면 어느 순간부터 그토록 바라던 상상들이 일상이 된 날들을 마주하게 될 것이다.

내가 선택하고
내가 책임지는 삶

당신은 당신만의 삶을 살고 있다고 자신 있게 말할 수 있는가? 어느 누구도 타인의 삶을 대신 살아줄 수 없다. 하지만 생각보다 많은 이들이, 삶의 선택권을 다른 사람에게 양도하며 살아가고 있다. 깊이 고민하고 스스로 결정해야 할 일들을 가족이나 연인, 친한 친구 등 특정한 누군가에게 영향을 받아 선택한다면 온전히 자신이 결정한 것이라 말할 수 있을까.

사람들은 행복해지길 원한다. 이상한 건 그렇게 행복하고 싶어 하면서 정작 그런 선택을 하지는 않는다는 것이다. 결정적인 순간에 차일피일 선택을 미루기만 하다가 더욱 힘들어지기도 하고, 그렇게 중대한 결정권을 다른 사람에게 줘버리기도 한다.

행복하고 후회 없는 삶을 사는 방법은 간단하다. 결정적인 순간 쓸데없이 선택을 미루지 않아야 한다. 문제의 중요도에 따라 어느 정도 고민하는 시간은 당연히 필요하다. 하지만 그 시간이 지나치게 길어질 필요는 없다. 특히 어떻게 해야 할지 답이 아주 명백하게 나와 있음에도 선택 후 겪을 고통이 두려워 미루는 건 최악의 행동이다. 힘들까봐 무서워서 평소에 나쁘게만 보던 것을 억지로 좋게 보려고 했던 경험이 누구나 한 번쯤은 있을 것이다.

선택을 미룬다고 달라지는 건 없다. 그저 시간의 문제일 뿐이다. 물론 당장 힘들 순 있다. 하지만 그로 인해 얻는 것 또한 존재한다. 바로 '가능성'이다. 고통을 감내한 후 그때부터 우리는 무한한 가능성을 마주하게 된다. 예를 들어, 연인과 이별을 하면 당장은 힘들다. 그러나 시간이 지날수록 차츰 이별로 인한 슬픔은 줄어들며, 다른 사람과 사랑할 수 있는 가능성을 얻게 된다. 전에 만났던 사람과 만나면서 느꼈던 공허함과 숱한 정신승리가 사실은 '내가 부족해서'가 아니라 그 사람의 문제였음을 깨닫게 될 수도 있다.

선택과 그 결과를 마주해야 하는 것이 두려울 순 있어도 물러서거나 발을 빼는 행동이 반복되어서는 안 된다. 당신의 앞에 놓인 수많은 선택은 모두 당신이 고민하고 선택해야 하는, 당신이 책임져야 할 것들이라는 걸 기억해야 한다. 만약 당신이 곧 내려야 할 선택의 결과로 인해 너무나 힘들 것 같다면 이것만큼은 기억하길 바란다. 미룬다고 해서 달라지지 않는다는 것. 미뤘을 때 더 큰 아픔이 닥칠 수도 있다는 것. 지금까지도 당신은 수많은 아픔과 시련들을 겪어왔다. 그것을 통해 성장했다. 아프고 고통스럽더라도 내가 선택하고 내가 책임지는 삶을 살아야 한다.

1년 후에
어떤 모습이기를
바라는가

당신은 1년 전과 비교해 무엇이 달라졌는가. 그러한 변화가 당신이 스스로 생각하기에 긍정적인 쪽에 가까운가, 아니면 그 반대에 가까운가. 사람의 본성이 달라지는 경우는 매우 드물지만 비슷한 상황에서 과거와 다르게 행동하는 건 어쩌면 당연한 일이라 할 수 있다. 자신에게 가장 중요한 신념은 시간이 흘러도 변치 않을 수 있다. 하지만 새로운 것들을 받아들이지 못하고 몇 년 전과 똑같이 생각하고 표현하는 것은 신념이라기보다는 변화 없는 낡은 생각이다. 불과 1년 만에 많은 변화가 생긴 사람도 있지만 몇 년 전과 다를 바 없는 삶을 사는 사람도 있다.

　과거에 '나는 절대 그러지 말아야지'라고 했던 기준들이 어느 순간 달라졌던 경험이 있었을 것이다. 현재 옳다고 믿고 있는 것 또한 경험을 토대로 생긴 기준이기에 새로운 경험들로 인해 기준이 바뀌는 건 흔한 일이다. 그러나 우리가 주목해야 하는 건 달라짐 그 자체가 아닌, '무엇으로 인해 달라지는가'이다.

　원하는 대로만 삶이 흘러가진 않는다. 그러나 잘 생각해보면 내가 원하지 않는 대로만 삶이 흘러가지도 않는다. 결국 어떤 마음가짐을 갖고, 어떤 사람들을 가까이하느냐에 따라 방향이 달라지는 것이다. 현재는 과거에 누군가가 어떻게 살아왔는가를 보여준다. 그렇다고 해서 현재 만족스럽지 못한 삶을 살지 못하는 이유가 그동안 열심히 살지 않은 탓이라고 하기는 힘들다. 중요한 건 왜 현재가 불만족스러운지, 불만족스러운 이유가 무엇인지를 객관적으로 파악할 수 있느냐이다.

삶을 더 낫게 변화시키기 위해 본인의 의지만큼 또는 그보다 더 중요한 건 주변 환경이다. 자신이 멋진 몸을 만들고 싶다면, 꾸준히 운동하는 사람을 곁에 두어야 한다. 더 많은 돈을 벌고 싶다면 재테크에 관심이 있는 사람들을 만나야 하고, 좋은 연애를 하고 싶다면 행복한 연애를 하는 사람과 자주 만나야 하는 것이다.

주변 사람들에 비해 상황이 좋지 않을 때는 그 이유가 무엇 때문인지 고민해보자. 만약 나의 힘으로 충분히 극복할 수 있다면 좀 더 노력하면 될 뿐이며, 그렇지 않다면 다른 이유들에 대해서도 고민해봐야 한다. 내가 좋아하는 것이지만 사실 내게 좋지 않은 영향을 미치는 것들이 있는지 말이다. 결국 무언가를 달라지게 하고 싶다면 지금과는 달라져야 한다. 행동이든, 생각이든 말이다. 당신의 작은 변화가 내년의 당신을 보다 좋은 쪽으로 변화시키길 바란다.

누구나
떠나보내야만 하는
시기가 있다

4년 넘게 사용했던 블루투스 이어폰을 어이없게 잃어버린 적이 있다. 이어폰 한쪽을 손에 든 채 기차를 타려다 귀에 꽂으려고 하는 순간 손이 미끄러져 선로에 떨어진 것이다. 어쩔 수 없이 결국 한쪽 귀에만 이어폰을 꽂은 채 집으로 돌아왔다. 오래 사용해서 그런지 바꾸고 싶다는 생각이 든 적도 있었다. 하지만 작동엔 문제가 없었기에 '조금만 더'라는 생각으로 사용하다 보니 어느새 4년이란 시간이 지나버렸다. 마침 며칠 후가 생일이라 새 블루투스 이어폰을 선물로 받게 되었다. 어쩌면 진작 바꿨어야 했는데 미루고 미루다 결국 이런 식으로라도 바꾸게 된 건 아닌가 싶었다.

살면서 무언가를 떠나보내야만 하는 시기와 마주하게 된다. 물건이든, 사람이든, 직장이든 말이다. 그것과 얼마나 오래 알고 지냈는지, 함께 했는지를 뒤로한 채. 아무리 내가 그것을 소중히 간직하고 보관하려 해도 때로는 그것이 나를 먼저 떠나려고 하는 듯한 느낌을 받기도 한다. 이별을 막기 위해 온갖 노력을 한다고 한들 멀어지고야 마는 것이다.

누군가와의 관계에서 문득 '이제 끝인가'라는 느낌이 먼저 들 때가 있다. 반대로 처음엔 몰랐다가 시간이 지나고 보니 떠나보내야만 했었다는 걸 알아차리기도 한다. 그것은 당신의 잘못도, 그 사람의 잘못도 아니다. 그저 '그러한 순간이 찾아오는 것'이다. 가끔 양쪽의 노력으로 그러한 시기를 늦추거나 아예 바꿔버리는 경우도 존재한다. 하지만 그것은 잠시 멀어졌다가 결국엔 다시 이어지게 될 운명이 아니었을까. 서로가 또는 한쪽이 최선을 다했음에도 마음처럼 되지 않는 경우가 더 많다. 잘 이별하는 법을 배워야 하는 이유다.

삶 속에서도 그동안 해내기 위해 애썼던 것을 보내줘야 할 때가 온다. 잘 해내기 위해 노력하되 실패하더라도 떠나보 낼 순간이 찾아왔다고 담담히 받아들일 수 있는 마음가짐이 필요하다. 당신이 지금까지 떠나보낸 그 숱한 시간들을 떠올려보라. 최선을 다해도 무언가를 떠나보내거나 포기할 수밖에 없을 때 나는 당신이 그 누구의 탓도 하지 않았으면 한다. 누구의 탓을 한다고 해서 그런 순간이 뒤로 미뤄지진 않을 테니까 말이다. 그저 그것을 받아들였으면 한다. 과거와 마찬가지로 또 한번 무언가를 떠나보내야만 하는 순간이 찾아왔음을 말이다. 그리고 동시에 또 하나 기억해야 할 게 있다. 그와 동시에 새로운 무언가가 당신의 앞에 다가올 순간이 가까워졌음을 말이다.

오늘
당신의 표지는
무엇이었는가

누군가 나에게 가장 좋아하는 책 한 권을 물어본다면, 주저 없이 파울로 코엘료의 《연금술사》를 말할 것이다. 10대 때 처음 읽은 후 고민이 있을 때면 이 책을 펼치곤 한다. 그리고 이 말을 되새긴다. 이 세상에 태어난 사람에겐 자신만의 '자아의 신화'가 있다는 것. 자아의 신화를 살기로 마음먹으면 초심자의 행운 이후 '표지'를 쫓아가다 가혹한 시련을 극복하고 비로소 원하던 것을 얻게 된다는 것. 꿈꾸던 삶을 사는 사람들 대부분은 이러한 과정을 거쳤으리라.

뚜렷한 목표가 생긴 이후부터 내겐 초심자의 행운이 제법 따라주었다. 글쓰기를 통해 새로운 경험들을 할 수 있었으며, 좋은 사람들을 만날 수 있었다. 그러나 요즘 들어 그러한 초심자의 행운이 서서히 줄어들고 있음을 느낀다. 최근 몇 달간 유난히 원하지 않던 변화들이 많았고, 일상을 뒤흔드는 일들도 벌어지고 있기 때문이다.

인간관계에서 오는 스트레스, 맘처럼 풀리지 않는 일로 인해 무기력하고 허탈한 날들이 있었다. 퇴근 후 번갯불에 콩 볶아먹듯 할 일들을 끝내놓고, 전에 읽었던 《연금술사》를 다시 펼쳐보았다. 그리고 최근 내 앞에 나타났던 표지들을 놓쳐버린 건 아닌지 떠올려보았다. 편안하지만 바라지 않던 삶, 불안하지만 꿈꾸던 삶. 두 선택 사이에서 우왕좌왕하던 내 앞에 미처 발견하지 못했던 크고 작은 표지들이 있었다는 것을 떠올릴 수 있었다. 그러자 전보다 한결 마음이 편해졌다.

우리는 원하는 것을 가질 수 있는 표지를 반드시 한 번 이상 마주하게 된다. 멋진 몸을 만들고 싶다고 생각한 사람은 우연히 길을 걷다 새로 오픈한 헬스장 포스터를 본다. 많은 돈을 벌고 싶다고 생각한 사람은 친구와 대화를 하던 중 이자율이 최고로 높게 나온 적금에 대한 얘기를 듣게 된다. 편하고 안정감 있는 연애를 원하는 사람은 소개팅에서 자신을 편안하게 만드는 이성과 만나게 된다.

그러나 기회를 마주했다고 해서 모두가 그 기회를 잡진 않는다. 헬스장 포스터를 본 사람은 '지금 당장은 시간이 없으니까'라며 가던 길을 걸어간다. 자신이 넣고 있는 적금보다 이자율이 높은 적금 얘기를 들은 사람은 '여윳돈도 없는데 그것까지 어떻게 해'라며 친구의 말을 흘려듣는다. 오랜만에 편안하게 이성과 대화한 사람은 집으로 돌아가는 길에 연락을 해볼까 망설이다가 '조금만 더 키가 컸으면 좋을 텐데'라며 아쉬워한다. 그렇게 내가 원하는 것과 연결되어 있는 표지를 지나쳐버리는 것이다.

원하는 걸 얻기 위해 최선을 다한다고 생각하지만 실상 그렇지 않을 때가 훨씬 많다. 경제적으로 여유롭게 살길 바라면서 카드 명세서엔 배달음식으로 쓴 내역만 수십 건이다. 스스로 좋은 사람이 되고 싶다고 생각하면서도 사소한 일에도 벌컥

화를 내거나 부지런한 사람이 되겠다고 다짐하지만 매일 아슬아슬하게 턱걸이로 출근을 하곤 한다. 반복되는 행운이 실력인 것처럼, 반복되는 제자리걸음 또한 선택의 책임이다. 전과는 다르게 살고 싶다면서 과거와 비슷한 선택을 계속하는 건 누구인지 되짚어봐야 할 문제다.

그리고 스스로 표지를 보는 눈을 갖춰야 한다. 그러다 보면 결정하기 어려운 상황에서도 어느 쪽이 삶에 더 도움되는 길인지 알 수 있게 된다. 물론 항상 성공할 수는 없다. 하지만 누군가 실패했을 때야말로 지금껏 어떻게 살아왔는지 제대로 파악할 수 있다. 달라지고 싶다면 전과 비슷한 상황에서 다른 선택을 해보는 것. 그것이 진정 스스로 원하는 삶을 살기 위해 가장 필요한 태도다.

나만의 가치를 중심으로
계속해서 나아가는 것

현재 반복하는 행동들을 왜 하는지 고민해본 적 있는가? 다니는 회사, 만나는 친구들, 연인과의 만남. 매일 일정한 시간을 들이고 있는 행동들은 당신에게 어떤 의미가 있는가.

일요일 오후가 되면 주말 동안 무얼 했는지 돌이켜볼 때가 있다. 주말만 되면 왜 이리 시간이 빨리 지나가는지. 몇 시간 후 우리는 똑같은 시간에 침대에서 일어나 또다시 회사로 출근해 하루 중 가장 많은 시간을 보낸다. 퇴근 후 종종 친구들을 만나거나 연인과 데이트를 즐기며 서로의 고충을 털어놓기도 한다.

하나를 반복하는 시간이 길어질수록, 그것에 대한 흥미를 잃어갈수록 이런 생각이 드는 순간은 점점 더 잦아진다. 회사에선 '왜 나는 이 회사를 다니고 있는 걸까', 친구와 만나도 즐겁지 않을 땐 '이 친구와의 만남을 계속해야 하는 걸까', 연인과 심하게 다툰 날은 '이 연애를 지속할 필요가 있는 걸까' 하는 생각들이 머릿속에 떠오른다.

무언가에 익숙해지면 아무런 의미 없이 기계처럼 같은 동작을 되풀이하게 된다. 처음 그것을 시작한 이유가 인생에서 중요하다면 그래도 괜찮다. 하지만 시간이 지나면서 아무리 생각해봐도 그것을 지속할 이유가 없음에도, 지금까지 해왔다는 이유로 별 생각없이 한다면 언젠간 슬럼프와 마주하게 된다.

무슨 일이든 오랫동안 하기 위해서는 '그것을 해야만 하는 본인만의 이유'가 하나쯤은 있어야 한다. '좋아해서', '재미있어서', '반드시 이루고 싶은 목표가 있어서' 등 말이다. 그 일에 나만의 가치를 부여하는 것이다. '남들도 하니까'라는 이유로 하다 보면 어느 순간 '내가 이걸 왜 하고 있지'라는 생각에 빠져버리고 만다.

자신의 행동에 나름의 가치를 담아야 하는 가장 큰 이유는, 아무리 행동의 이유가 분명하더라도 지치는 순간, 행위 자체에 대한 고민을 하는 순간이 반드시 찾아오기 때문이다. 가야 할지, 멈춰야 할지. 갈림길을 만났을 때 그것을 지속할 수 있게 하거나 다른 곳에 한눈을 팔지 않게 만드는 건 '그것을 행하는 자신만의 이유' 덕분이다. 현재 하고 있는 걸 다른 것으로 대체하더라도, 지금 하고 있는 것보다 못하다는 결론이 나면 우리는 그것을 좋든 싫든 계속하게 될 수밖에 없는 것이다.

예를 들어 당신이 회사에서 업무나 직장동료와의 관계 등으로 인해 큰 스트레스를 받고 있다고 해보자. 만약 지금 다니는 회사를 선택했던 가장 큰 가치가 연봉이었고, 현재 능력으로는 다른 회사에서 이 정도의 연봉을 받을 수 없다면 이직을 할 수 있을까? 아마 주저하게 될 것이다. 하지만 당신의 가치가 연봉이 아닌 다른 곳에 있다면 어떨까. 고민은 하겠지만 높은 확률로 사직서를 제출할 것이다.

현재 하고 있는 것이 다른 것으로도 대체가 가능하며, 그 결과가 지금보다 훨씬 더 좋다면 행동을 멈추는 것. 이러한 사고는 모든 면에서 적용된다. 그런데 많은 사람이 이러한 가치 판단의 기준을 본인이 아니라 평균, 즉 남들의 시선에 둔 채 살아간다. 예를 들어, 현재 자신이 다니는 회사에서 극도로 스드레스를 받고 있음에도 '이 나이에 이 정도는 받아야 인정받지'라며 억지로 참는다. 연인과 전혀 맞지 않는데도 '내 주변 사람들은 다 연애하는데 나만 혼자면 초라하잖아'라며 애써 관계를 이어나간다.

행동을 할 때 그 가치를 판단하는 기준은 남이 아닌 자신에게 두어야 한다. 그것을 위해 우리는 자신이 정말로 소중하게 생각하는 가치가 무엇인지 고민할 시간을 가져야 한다. 내가 누구인지, 무엇을 할 때 정말 행복한지 깨닫지 못하면 어떤 선택을 해도 불안과 후회가 남는다. 길눈이 어두운 사람이 '남들도 이 정도 길은 다 잘 찾던데'라며 지도도 보지 않은 채 길을 걷다 오랫동안 헤매는 것이나 다름없다.

당신에게 중요한 가치는 무엇인가. 남들의 시선 때문에 중요하다고 생각하는 가치가 아닌, 정말로 당신이라는 사람에게 있어 가장 중요한 가치가 무엇이냐는 것이다. 몸에 맞지 않은 옷을 억지로 욱여넣은 후 잘 어울린다며 혼자만의 착각에 빠지는 건 위험한 행동이다. 타인의 권유, 남들이 정한 가치가 아니라 스스로 생각했을 때 행복하다고 느끼는 가치를 찾고 주체적인 선택을 하면서 살아가자.

성공은
언제나
나를 기다리고 있다

우리는 타고난 좋은 면은 유지하면서 부족한 부분들은 전보다 나아지길 바란다. 과거보다 나은 사람이 되기 위해 가장 어려운 부분이 무엇일까. 바로 '꾸준함'이다. 처음 시작하고 나서 며칠 동안은 열정이 넘친다. 그러나 3일이 지나고, 일주일이 지난 후에도 꾸준히 하는 사람들은 드물다. '몸이 아파서', '날씨가 좋지 않아서', '오늘따라 너무 피곤해서' 등 다양한 이유를 들며 운동을 하지 않는 날이 차츰 늘어나고 자연스럽게 결심 전의 일상으로 돌아간다. 만약 당신이 무언가를 꾸준히 하는 게 힘들다면, 다음 2가지 생각들을 떠올려보길 바란다.

1. 처음부터 지나치게 무리하지 말자

무언가를 시작하기 전 생각해봐야 할 것은 '내가 그것을 꾸준히 할 수 있는 상황과 능력이 되는가'라는 것이다. 아무리 열정과 패기가 넘쳐도, 스스로를 돌아보지 않은 무리한 시도는 참담한 결과로 이어질 확률이 높기 때문이다.

사람마다 타고난 능력은 다르다. 노력에 비해 결과가 좋은 경우도 있다. 또, 모두가 자신이 원하는 분야에 적합한 능력을 지니고 있진 않다. 그렇기에 우리는 굳이 다른 사람과 자신을 비교할 필요도 없다. 하지만 성공한 사람의 사례를 보며 처음부터 100% 이상의 에너지를 쏟으며 그것과 비슷한 수준의 결과를 원하는 사람들도 있다. 물론 불가능하다고 할 수는 없지만 단지 열심히 하는 것만으로 원하는 수준의 성공에 도달한다는 건 굉장히 힘든 일이다. 원하는 만큼 잘하기 위해선 합당한 능력을 갖춰야 한다.

운동을 전혀 하지 않던 사람이 갑자기 하루에 2km 달리기를 매일 할 수 있을까? 아무 근거 없이 무조건 '잘할 거야'라고 생각하는 건 오히려 좋지 않을 수도 있다. 그런 경우 결과가 좋지 않을 때 주변 환경이나 사람을 탓하게 될 가능성이 높아진다.

자신에게 거는 과한 기대치를 내려놓아야 한다. 어떻게 처음부터 잘할 수 있겠는가? 꾸준하기 위해선 가장 먼저 현재 나의 상태를 객관적으로 바라볼 수 있어야 한다. 그래야 자신에게 부족한 부분이 무엇인지 알고 그에 맞는 노력을 할 수 있다. 그렇게 매일을 보내면 실력은 당연히 늘게 되어 있다. 가장 더딘 행동이 때로는 가장 빠를 수 있음을 기억하자.

2. 최소한의 생각만 하자

생각을 많이 하는 것과 '깊게' 하는 것은 다르다. 종종 문제가 생기면 깊게 생각하기보단 쓸데없는 걱정을 하며 시간을 흘려보낸 적도 있을 것이다. 해보지 않고서 결과에 대해 상상만 하며 '혹시 더 좋은 방법이 있진 않을까'라고 다시 고민에 빠진다. 시간이 지나서 보면 결국 '아무것도 하지 않은 상태'가 된다.

생각은 어디까지나 행동하기 위한 발판일 뿐 행동이 없는 생각은 아무것도 하지 않는 것과 다름없다. 고민을 많이 할수록 꾸준함과는 좀처럼 가까워지지 못하는 것이다.

인간의 뇌는 한번에 여러 가지를 하는 것에 최적화되어 있지 않다고 한다. 잡생각이 많을수록 결과가 좋지 않은 건 어찌 보면 당연하다고 볼 수 있다. 고민은 줄이고 행동으로 옮기는 것. 고민을 할 땐 짧고 굵게. 이것이 익숙해질수록 하고 있는 것에 집중할 수 있게 되며, 그것은 곧 꾸준함으로 이어진다. '해야 하는데'라는 생각만 하고 행동하지 않으면 할 일만 쌓여갈 뿐이다. 그럴 바엔 차라리 푹 쉬는 게 훨씬 낫다. 아니면 빨리 할 일을 끝내던지. 둘 중에 뭐가 됐든 한 가지부터 충실하라는 것이다.

매번 좋은 결과만 따라올 수는 없다. 실패했을 때 더 많은 것을 느끼고 배우기도 한다. 앞으로는 이와 비슷한 상황에서 어떤 방식으로 대처하는 게 좋은지, 방법을 익히는 과정이다. 무엇을 하든 잘할 수 있는 게 있고, 조금은 부족해 보이는 것들도 있다. 과정을 거쳐 성장한 사람들은 뿌리 깊은 나무와 같다.

때로는 그들을 흔드는 바람이 불어닥쳐도 조금은 흔들릴지언정 쓰러지진 않는다.

결과에만 집중한 이들은 겉은 멀쩡해도 지탱하고 있는 뿌리가 약해서 쉽게 흔들린다. 많은 이들이 그들의 성공에 찬사를 보내지만 결국 그들이 성공하지 못하면 언제든 떠나갈 수 있다는 것과 같다. 수많은 부와 명성을 지녔음에도 과거의 오점 때문에 한순간에 무너진 사람들이 얼마나 많았는지를 떠올려보라.

많은 이들이 원하는 곳으로 좀 더 빠르게 가기 위해서만 노력하지, 어떻게 가고 있는지에 대해선 그다지 고민하지 않는 듯하다. 목적지에 도달한다고 한들 이미 몸이 만신창이가 되어 있다면 무슨 소용인가. 더 좋은 방법을 찾기 위해 고민만 하다가 해야 할 때를 놓치는 경우도 허다하다.

성공은 언제, 어디서나 당신을 기다리고 있다. 혼자 조급한 마음에 서두르다가 멀어지는 것보다 매일 한 걸음씩 걸어가면 될 뿐이다. 가고 있는 길이 올바른 방향인지만 스스로 점검

하고 나아간다면 원하는 것이 무엇이든 목적지에 도달할 수 있을 것이라 확신한다. 지금 이 순간에도 각자의 목표를 향해 나아가는 당신과 나, 우리를 진심으로 응원한다.

한계의 초월을
한 번이라도
경험해보는 것

한계의 초월을 한 번이라도 경험해보면 일상이 완전히 달라진다. 1년 전, 설렘과 동시에 고통스러운 시간을 보낸 적이 있다. 심지어 이런 시간을 보냈던 근본적인 원인은 타인의 강요 때문이 아니라 스스로의 선택이었다. '식단'과 '새벽 조깅'을 하기로 마음먹었기 때문이었다. 사실 처음 이 2가지를 시작한 건 '한번 해보고 싶어서'라는 단순한 이유였다. 또 일상에서 내가 당장 실행할 수 있는 변화의 두 축이기도 했다.

간식을 좋아하는 편이라 과자나 초콜릿 같은 군것질거리를 매일 입에 달고 살았다. 그리고 퇴근 후 최소 2시간 이상은 앉아서 글을 쓰다 보니 몸을 움직이는 시간은 전보다 더 줄어들었고 먹는 간식의 양은 더 늘어났다. 인터넷으로 낮은 칼로리의 음식들을 주문하고 식단을 할 거면 운동도 같이 하면 좋겠다는 생각에, 새벽 6시에 일어나서 조깅을 한 뒤 출근을 하기로 결정했다.

일주일은 의외로 할 만했다. 오히려 새롭게 느낀 것들이 더욱 많았다. 비몽사몽 상태에서 밖으로 나갔을 때 나보다 일찍 하루를 시작한 수많은 사람들을 보며 동기 부여를 얻었고, 식단 관리를 하면서 지금까지 얼마나 불필요한 음식을 섭취해왔는지에 대해서도 몸으로 실감했다. 달라진 일상의 첫 주는 무난하게 지나갔다.

문제는 2주째부터였다. 똑같은 루틴으로 하루를 보내는데 필요한 에너지는 절반 이상으로 줄어들었다. 퇴근 후 집으로 돌아갈 때 마주한 편의점 앞에 진열된 간식들에서 시선을 떼기가 힘들었다. 새벽 조깅 또한 마찬가지였다. 시작한 시기가 겨울이다 보니 문을 열자마자 차가운 공기가 사정없이 얼굴을 때렸다. 조깅을 끝내고 집으로 돌아갈 땐 무릎과 발바닥에서 통증이 느껴졌다. 배고픔과 간식 생각은 머릿속에서 지워지질 않았다.

지금 떠올려보면 이때가 가장 유혹에 많이 시달렸던 시간이었다. 먹고 싶은 것을 먹지 못하니 평소보다 신경이 날카로워져서 사소한 것에도 짜증이 나는 듯했다. 나는 겨우 이 정도밖에 못 참는 건가라며 스스로가 한심하기도 했다. 그렇지만 그러한 나 자신을 향한 분노가 오히려 식단과 운동을 유지하는 데 많은 도움을 주었다. 화장실을 자주 갈지언정 배고플 때마다 물을 마셨고, 회사에 집에 있는 간식을 가져다 놓고 조금씩 나눠 먹으며 허기를 달랬다. 퇴근 후 저녁을 먹고 나서 간식이 당길 때면 과일을 먹고 나서 일찍 잠자리에 들었다. 그렇게 가장 힘들었던 2주가 지나갔다.

3주가 지나고 난 후부턴 마트나 편의점에 들러 간식을 봐도 크게 먹고 싶다는 생각이 들지 않았다. 알람이 울리기도 전에 눈이 먼저 떠졌고, 처음 달릴 때보다 훨씬 더 먼 거리를 안정감 있게 달릴 수 있게 되었다. 포기하고 싶다는 생각들을 넘어서자 모든 게 한결 편안해지고 수월해졌다. 그렇게 살면서 처음으로 해본 식단과 새벽 조깅은 꽤 성공적인 결과로 남게 되었다.

우리는 살면서 수많은 벽을 마주한다. 어떨 때는 그 벽을 뛰어넘기도 하지만 좌절할 때도 있다. 이것은 지극히 자연스러운 현상이다. 아무리 심지가 굳고 강한 사람이라고 해도 때로는 심하게 무너지기도 하고, 펑펑 울기도 하며, 심적으로 매우 힘든 시기를 보내기도 한다.

중요한 것은 그다음이다. 과거와 비슷한 힘든 상황에 또다시 맞닥뜨렸을 때 우리는 그것과 맞서기보다는 피하거나 멀리 돌아가려는 모습을 보인다. 과거에 실패했더라도 또 다른 새로운 경험은 당신 안에 그대로 남는다. 그렇게 누적된 경험은 심신을 전보다 강하게 만들어준다. 그러한 경험들이 계속해서 쌓이다 보면 할 수 없을 거라 생각했던 것들을 의외로 가뿐히 할 수 있다. 그러니 최대한 그것을 미루기보단 빨리 부딪쳐보자. 그 경험을 토대로 다음번엔 해보지 못한 것들을 새롭게 시도해보는 것이다.

걸어보지 않은 사람은 결코 뛸 수 없다. 하지만 일어서서 한 걸음이라도 걸어본 사람은, 그다음 발걸음도 옮길 수 있다는 희망을 보게 된다. 그렇게 한 발자국씩 걷다 보면 조금씩 걷는 속도가 빨라진다. 그리고 그 속도가 점점 더 빨라지는 순간, 당신은 한 가지를 깨달을 것이다. 당신이 지금 '뛰고 있다는 것'을 말이다.

인생은 모든 것이 마인드 차이라는 말이 있다. 무언가를 할 수 없다고 믿으면 할 수 없는 이유만 수백 가지가 생기고, 무언가를 할 수 있다고 믿으면 견고한 벽처럼 느껴졌던 수백 가지의 할 수 없는 이유들이 사라지고, 행동하게 된다는 것이다. 내가 말보단 그 사람의 행동을 믿고, 남들의 조언보다 나 자신을 믿는 이유이다.

할 수 없다면 하지 않아도 된다. 다만 그런 선택을 하기 전 한 번 더 스스로에게 되물어보길 바란다. 스스로에게 '이 정도면 됐어'라고 떳떳하게 말할 수 있을 정도로 시도해보았는지,

그것을 하기 위해 모든 수단을 써보았는지 말이다. 당신의 앞에 어떤 결과가 펼쳐지든 떳떳하게 고개를 들 수 있는, 그런 삶을 살자.

당신의 삶이 당신의 꿈을
집어삼키도록 두지 말고
당신의 꿈이 당신의 삶을
그 반대로 하도록 만드세요.

- 앙투안 드 생텍쥐페리

99% 최악인 날에도 1% 정도는 차악이 있다. 최악보다 차악에 집중하다 보면, 그나마 나쁘지 않았던 날들이 점점 더 많아진다. 매일 행복하고 아무 탈이 없을 거라는 생각은 오히려 당신을 힘들게 만든다. 그저 좋은 일과 그렇지 않은 일 모두 당연히 일어날 수 있다고 받아들이는 것. 행복하지 않은 일도 스스로 어떻게 생각하느냐에 따라 당신의 기분도 완전히 달라진다는 것. 이것을 기억하자.

5장

인생의
체력을
기르는 방법

'이대로도 괜찮을까'
인생에 의심이 찾아오는 순간

온전히 자신의 모습으로 살아간다는 건 중요한 일이다. 타인의 눈치를 지나치게 보거나 해야 할 말을 하지 못하는 등 감정을 표현하지 못한 채 꾹 참고 살아간다면 어떨까. 시간이 지나 묵힌 감정들이 터지게 되었을 때 쌓인 감정들로 인해 걷잡을 수 없는 상황이 벌어지기도 한다.

변화와 안정. 우리의 삶은 크게 이 2가지의 순환이라 볼 수 있다. 태어난 이후부터 우리는 수많은 변화를 겪어왔다. 살기 위해 무언가를 먹어야 하고, 움직여야 했으며, 다양한 감정을 표출하는 법을 배웠다. 불안정하게 흔들리고 세상과 자신의 변화에 적응하면서 나라는 한 사람으로 거듭났다. 그렇게 삶 속에서 균형을 잡는 것이 익숙해질 때쯤 우리는 본능적으로 또 다른 변화를 원한다.

일상을 깨뜨리는 새로운 변화와 그에 대한 적응. 안정과 익숙함. 또다시 새로운 변화. 사람마다 마주하는 변화는 다르겠지만 모든 사람이 이러한 과정을 겪으며 살아간다. 변화와 안정 2가지 중 무엇이든 어느 하나가 너무 오랜 시간 동안 지속되면 부작용이 발생하기 마련이다. 휴식 없이 매일을 바쁘게 산다고 상상해보라. 커피 한 잔 또는 잠깐의 휴식을 취한다고 해서 정상적인 컨디션이 되진 않는다. '잠은 죽어서 자면 된다' 라는 말이 있지만 내일 하루를 살아가기 위해 자는 것과 생을 마감하는 게 같을 수는 없지 않은가.

반대로 변화가 없는 삶이 지속적으로 이어진다면 어떨까. 언뜻 들으면 행복할 것 같지만 실상은 그렇지 않을 수 있다. 대부분의 사람들은 안정된 일상과 변화가 없는 일상을 같은 의미로 사용하지만 이 둘은 엄연히 다르다.

변화가 없는 일상과 안정된 일상의 결정적인 차이는 '얼마나 하루가 지루한가'에 달려 있다. 현재 안정감 있는 하루를 살고 있다 말하면서도 SNS엔 공허함이 가득한 글귀가 가득하거나 애꿎은 프로필 사진은 하루가 멀다 하고 바뀌곤 한다. 진정한 안정감은 아예 변화가 없는 것과는 다르다. 자발적으로 일상 속에서 작은 변화들을 만들어내고 거기에서 행복과 충만함을 느끼는 것. 나는 이것이 진정한 안정감이라고 생각한다.

아무리 맑은 물도 흐르지 않으면 썩고 악취가 나게 된다. 사람도 마찬가지다. 안정되었다고 생각만 하는 것과 정말로 안정감 있는 삶을 사는 건 다르다. 안정된 일상을 보내고 있다면 매일이 즐겁고 새로운 기분이 들게 된다. 하지만 무언가 알 수 없는 불안과 공허함, 불만족스러운 기분이 자주 든다면 안정된 일상을 보내고 있는지 되짚어봐야 한다.

앞서 말한 것과 같은 기분이 들 때 많은 이들이 새로운 변화를 시도하려 한다. 하지만 이 생각을 실제 행동으로 옮기는 이들이 과연 몇이나 있을까. 대부분은 이런 생각을 잠깐 하다가 포기하고 만다. 어디서부터 어떻게 시작할지 막막한 기분과 함께, 도전의 결과가 만족스럽지 않을 수도 있다는 불안함 때문에 '지금도 썩 나쁘진 않으니까'라며 똑같은 하루를 보내고 있는 사람들이 훨씬 많다.

지금과는 다른 일상을 보내고 싶어도 현재 상태로 많은 돈과 시간을 쓸 수 없어서 고민 중인 사람도 있을 것이다. 하지만 변화에는 엄청난 것들이 필요하지 않다. 그리고 만약 원하는 것을 하기 위해 적지 않은 자금이 필요한데 수중에 그만한 자본이 없을 수도 있다. 그것이 변화를 포기해야만 하는 이유가 될 수 있을까? 자금을 모으기 위한 계획을 세우고 단계적으로 변화를 향해서 나아가면 된다.

사람들은 말한다. 굳이 변할 필요가 있냐고. 지금 이대로도 좋다고 말이다. 여전히 그것을 갈망하지만, 힘든 과정을 견딜 자신이 없어서 얻고자 하는 마음 자체를 부정해버리는 것이다. 배고픈 여우가 철조망 너머에 있는 탐스러운 포도를 보고 군침을 삼키지만 그것을 먹을 수 있는 방법이 없기에 "저 포도는 분명 너무 시어서 맛이 없을 거야'라고 하는 것과 마찬가지다. 지금 이대로도 정말 괜찮은지 스스로에게 솔직하게 물어보라. 현재 누릴 수 있는 좋은 부분들 또한 많을 것이다. 그럼에도 불구하고 일상에 대한 회의감 또는 공허한 기분이 든다면 변화가 필요한 시점이 닥쳤음을 뜻한다.

무엇을 해야 할지 모르겠다면, 무엇을 할 때 행복한지 떠올려보라. 해야 할 것이 정해졌지만 어떻게 시작할지 감이 잡히지 않는다면, 가장 쉽게 할 수 있는 것부터 바로 행동으로 옮겨보라. 결국 해보지 않으면 확실하게 말할 수 있는 건 아무것도 없다. 생각을 행동으로 옮겨보라. 그 순간부터 변화는 시작될 테니까.

익숙하지 않은
길을
택해야 할 때가 있다

매년 한 해가 지나가고 또 다른 한 해가 시작된다. 시작은 설렘과 불안을 동시에 내포한다. 지금껏 해보지 못한 걸 시도한다는 것이 흥분되면서도, 익숙하지 않은 것에 대한 걱정도 생긴다. 만약 당신이 새로운 것을 시도하는 걸 매우 꺼리거나 시도했다가도 금방 질리거나 포기하는 편이라면 이렇게 생각해보자.

살면서 느끼는 것 중 하나는 항상 좋은 것만 할 수는 없다는 것이다. 특히 나와 잘 맞는 사람이나 잘 맞는 일을 찾는 건 어렵고 힘든 일이다. 여기까지만 말하면 누군가는 다음과 같이 말할지도 모른다. '그걸 누가 몰라?' 그렇다. 모르는 사람은 없다. 다만 이 사실을 아는 사람은 계속해서 불안해하지만 이 사실을 받아들인 사람은 덜 불안하다는 것이다. 이 둘 사이에는 실제로 경험했을 때 느껴지는 불안이 10가지라면 그중에서 하나도 견디지 못하는 사람과 대부분을 견딜 수 있는 사람의 차이가 생긴다.

　　사람들이 좀처럼 바뀌기 힘들어하는 부분이 하나 있다. 바로 누군가를 만나 사랑에 빠지는 과정이다. 사랑만큼 사람들이 같은 실수를 반복하는 분야가 있을까. 만나는 사람은 달라도 매번 비슷한 연애를 하고, 비슷한 과정을 거쳐 헤어지고 힘들어하는 사람들이 있다. 헤어지고 난 후에 '다시는 걔 꼴도 보기 싫어'라고 해놓고 다시 만나거나 전과 비슷한 사람을 만나 힘들게 연애하는 사람이 얼마나 많은지 떠올려보라.

이런 부류의 사람들과 만나 대화를 하다 보면 '나도 알고 있어'라는 말을 듣는다. 아마 당신도 이 말을 들었거나 했던 적이 있을 것이다. 그런데도 왜 달라지지 않는 것일까? 헤어져야 한다는 걸 알면서도 헤어지지 못하고, 자신에게 상처를 준 사람과 비슷한 성향을 가진 사람에게 또다시 끌리는 걸까. 그 사실을 알기만 할 뿐 받아들이진 못한 것이다.

아는 것을 받아들이는 게 힘든 이유는 단 하나이다. '불안해지는 게 싫은 것'이다. 만났던 사람과 다른 유형의 사람을 만나기 힘든 건 전보다 덜 행복할까봐 불안한 것이다. 한숨만 나오는 직장을 떠나 이직을 하지 않는 건 이직한 곳이 여기보다 별로일까봐 불안한 것이다. 지금까지와 다른 선택을 했을 때 느낄 불안까지 함께 받아들여야 하기에 그 부담감 때문에 전과 똑같거나 비슷한 선택을 반복하는 것이다.

불안해지는 걸 좋아하는 사람은 없다. 하지만 살다 보면 익숙하지 않은 것들을 맞닥뜨려야만 하는 때가 있다. 익숙하지 않은 것을 선택하는 건 불안하다. 하지만 몇 번 그러한 과정을 통해서 전보다 긍정적인 결과를 직접 경험한 사람들은 알 것이다. 달라지지 않는다는 건 익숙하지 않은 데서 오는 불안을 받아들일 자신이 없어서라는 걸 말이다.

매번 무언가를 반복하고 그로 인해 부정적인 감정을 숱하게 느끼며 다음엔 다르게 행동하겠다고 다짐하면서도 정작 그 상황에 닥쳤을 때 '내가 굳이 왜 이렇게까지 해야 해'라는 생각이 든다면, 당신은 아직 그것을 온전히 받아들이지 못한 것이다. 전보다 나은 삶을 사는 사람과 그렇지 않은 사람의 차이는 딱 '한 걸음'에서 온다. '굳이'라는 생각과 함께 막연한 불안감을 느끼면서도 그 길을 걷는 것과 제자리에 멈춰 서서 다른 길로 돌아가는 것. 그 한 걸음이 앞으로 당신의 모든 것을 바꿔놓을 것이다.

당연한 게 많아지면
행복과 멀어진다

"왜 나는 행복하지 못할까."

"행복한 감정을 느낀 게 언제였지?"

만약 당신이 요즘 들어 이런 생각들을 자주 한다면, 어쩌면 당연한 것들이 많아졌을지도 모르겠다. '익숙함에 속아 소중함을 잃지 말자'는 말이 있듯이 우리는 익숙한 것들이 주는 행복에 대해 너무나 쉽게 무감해진다.

당연하다는 건 마땅히 그렇게 되어야 한다는 말이다. 하지만 우리의 삶 속에서 그런 것들이 얼마나 있을까. 더 나아가 그 말 속엔 생략된 뜻이 있다. 바로 '내가 원하는 대로'다.

자신의 일상이 불행하다 여기는 사람들 대부분은 자신이 옳다고 믿는 것들이 마땅히 그래야 하며, 당연하다고 생각한다. 예를 들어 직장동료 한 명이 여행을 다녀온 뒤, 작은 선물을 주었다고 해보자. 일반적인 사람들은 그런 호의를 고맙게 생각하고 표현한다. 하지만 일상이 불행한 사람들은 조금 다르게 생각한다. 상대에게 감사함을 느끼지만 선물을 받은 것에 자신의 영향도 크다고 여긴다. '여태까지 내가 많이 도와주고 잘해줬으니까 선물을 받는구나'라는 식으로 말이다.

그들 또한 예상치 않은 일에 행복해하지만 문제는 그러한 행복이 아주 찰나에 지나지 않는다는 것이다. 상대의 마음에 감동하는 것도 잠시 마땅히 받아야 하는 것이라고 생각하기 때문이다. 상대가 자신을 위해 마음을 쓴 것보다 '그동안 상대를 위해 내가 해왔던 것들'을 더 크게 생각하는 것이다. 그런 마음을 대놓고 드러내진 않겠지만 사람은 자신도 모르는 사이에 마음이 태도에 드러나곤 한다. 그래서 어느 순간 상대도 알게 된다.

매사 불행해 보이는 사람들이 하는 가장 큰 착각은 '자신의 노력이 항상 정당한 대가를 받아야 한다는 것'이다. 사실 누구나 그런 생각을 하며 살아간다. 하지만 행복한 사람과 불행한 사람은 그다음이 조금 다르다. 전자는 그러한 믿음은 가지고 있되, 그렇지 않을 수도 있다는 걸 받아들이며 살아간다. 반면 후자는 그러한 믿음이 반드시 이뤄질 거라 믿고 살아간다.

그래서 불행한 사람들은 매사에 불만이 가득하다. 믿음을 내려놓자니 억울하고, 믿음을 갖고 살아가자니 분노가 치미는 것이다. '지금껏 내가 했던 건 뭔데?', '남들은 안 그런데 왜 나만 항상 이러는데!'란 생각이 언제나 머릿속에 가득하다. 누구나 마음먹은 대로 일이 안 풀리는 건 마찬가지인데 말이다.

부모님의 사랑, 10년지기 친구, 숨을 쉬고 자유롭게 걷는 것. 때로는 이 모든 것을 감사하게 생각하지만 매번 고마움을 느끼진 않는다. 오히려 그보다 훨씬 짧은 시간에 마주하는 것들에 대해서 즉각적인 행복을 느낀다. 음식점에서 예상하지 못

한 서비스를 받는다거나 길을 잃어 우왕좌왕하던 중 누군가가
친절을 베풀었을 때 더 크게 와닿는 것이다.

　　당연한 걸 당연하지 않게 받아들이는 건 어렵다. 그게 쉽
게 되는 것이었다면, 사람들은 작은 것에 만족하고 충분히 행
복해했을 것이다. 사실 행복해지는 건 단순하다. 당연해 보이
는 걸 당연하지 않다고 받아들이는 것. 그뿐이다. 부모님의 사
랑을 특별하다고 받아들이는 것. 주말 아침의 한가로운 시간을
소중하게 생각하며 만끽하는 것. 현재 자신의 곁에 머무르는
사람들과 만나고, 그들과의 대화를 진심으로 푹 빠져서 즐기는
것. 행복이란 건 행복할 무언가를 해서가 아니라 무엇을 하든
행복함을 느낄 수 있는 태도에 달려 있는 것이 아닐까.

내가 정답이라는
생각은 버린다

좋아하는 것과 싫어하는 것, 우리는 이 2가지의 기준으로 세상의 모든 것을 판단하려 든다. 떡볶이는 좋아하지만 피자는 싫어할 수 있다. 똑같은 생선이라도 고등어는 좋아하는데, 갈치는 싫어할 수 있다. 무언가를 좋아하는 이유와 싫어하는 이유는 저마다 다르다. 저마다의 취향이라는 것이 있다. 취향을 두고 뭐라고 할 수는 없다. 이것은 개인의 타고난 기호가 작용할 뿐만 아니라 성장 과정에서 생긴 사건 등을 통해 생겨난 것일 수도 있다. 다만 자신이 선호하지 않는다는 이유로 '쓸모없다', '필요 없다'며 가치를 절하하려는 태도가 문제다.

만약 친구가 "네가 다니고 있는 회사 어때, 괜찮은 회사야?"라고 물어본다면 당신은 뭐라고 답할 것인가? 대부분의 사람이 직장을 다니는 가장 큰 이유가 경제적인 목적 때문이라는 걸 떠올려보면, 입에서 나올 말은 뻔할 것이다. 연봉이 괜찮다면 "일은 재미없는데 돈은 많이 주니까 다니는 거지"라고 할 것이며, 자신의 기준에서 낮은 연봉을 받는다고 생각하는 사람들은 "빨리 때려치우고 싶어"와 같은 대답을 할 것이다.

이 논리를 사람에게 적용한다면 어떨까. 누군가 당신에게 A라는 사람에 대해 어떤 사람인지 물었다고 해보자. 만약 당신이 A와 성향이 잘 맞는다면 괜찮은 사람이라고 말해줄 것이다. 반대로 당신과 A가 사이가 좋지 않다면 당신은 A를 그렇게까지 좋게 얘기하지 않을지도 모른다.

하지만 이러한 행동의 가장 큰 문제는, 대상의 진정한 가치를 알지 못한 채 단순히 나의 취향만으로 옳고 그름 자체를 '평가해버린다'는 것이다. 무언가에 대해 생각을 말하는 것과 그것에 대한 평가를 하는 건 비슷해 보이지만 다르다. A와 B라는 사람에게 여름이라는 계절에 대해 물었다고 해보자. A는 말한다.

"여름이요? 상상만 해도 싫어요. 조금만 움직여도 땀이 나잖아요. 그래서 여름에는 한 발자국도 나가기 싫어요."

똑같은 질문에 B는 답한다.

"여름은 덥고 습하죠. 저는 더운 것보단 시원한 걸 더 좋아해서 여름보단 가을을 더 좋아합니다."

같은 질문에도 느낌이 전혀 다르지 않은가? A는 여름이 가진 기본적인 특성에 대한 고려 없이 말했고, B는 여름이 어떤 계절인지 정확히 인지하고 있었다. 사소한 차이처럼 보이지만 이러한 태도의 차이는 시간이 지날수록 삶에 특정한 방향으로 영향을 미친다.

무언가의 특성, 처한 상황 등을 무시한 채 오로지 자신의 입맛에 맞게 평가하는 것이 버릇인 사람과 대화해본 적이 있는가? 그들과 대화를 하면 자꾸만 불편한 기분이 든다. 바로 그들이 자신의 취향을 절대적인 기준인 것처럼 쉽게 굽힐 생각을 하지 않기 때문이다. '다를 수 있다'는 근본적인 전제가 없는 사람과 대화를 하면 10분만 지나도 자리를 뜨고 싶은 생각이 들기 마련이다.

모든 것이 자신과 잘 맞아떨어질 수 없다. 그렇기에 다른 사람들과 무언가를 함께 하다 보면 자신의 생각과 다르게 행동하거나 불편함이 느껴질 때도 있을 것이다. 그런 순간이 닥치면 당연히 이해가 되지 않아서 답답하고 짜증이 솟구칠 때도 있기 마련이다. 그럴 땐 상대방이 어떤 사람인지를 한번 떠올려보라. 그 사람이 매사 기본적인 노력을 하는 사람인지를 말이다. 만약 상대가 노력하는 부분들이 충분하다면, 당신 또한 상대를 이해하려 노력하고 서로의 입장 차이를 좁히기 위해 대화해야 할 것이다.

어떤 식당의 메뉴가 자신의 입맛과 맞지 않다고 해서 그 식당 자체를 별로라고 할 순 없다. 사람도 마찬가지다. 상대가 기본적인 예의를 갖추고 있는데도, 자신과 성향이 다르다는 이유로 '별로인 사람'이라 말할 순 없다. 자신의 기준만을 근거로 일, 사람, 세상을 비난한다면, 비난한 것들 또한 그 사람을 부정할 것이다.

나이를 먹을수록 사람들은 잘못된 걸 알아도 그것을 바로잡기보단 '이제 와서 어떻게 하겠어'라며 방치해두곤 한다. 그것이 자신의 삶을 얼마나 망치고 있는지도 모른 채 말이다. 행복해 보이는 삶이 아니라 진정으로 행복한 삶, 서로를 평가하려 들지 않고 있는 그대로 존중해준다면 현재 사회에 만연한 혐오와 이유 없는 불편함들이 조금은 줄어들지 않을까.

스스로를
제대로 사랑하는 법

자존감과 관련하여 사람들이 착각하는 것 중 하나는, 자신을 돌아보지 않은 채 맹목적으로 자기 자신을 사랑하기에만 바쁘다는 것이다. 내가 어떤 사람인지, 어떤 성향을 가지고 있는지, 부족하다고 느끼는 부분을 때에 따라 끌어올리거나 채우기 위한 노력을 하기보다는 '나라도 나를 사랑해야지'라는 자기 최면만을 반복적으로 걸고 있을 뿐이다. 이것이 문제가 되는 이유는, 같은 일을 해도 자신에게는 관대하고 남에게는 엄격한 태도를 보이기 때문이다. '나는 괜찮지만 너는 그러면 안 되지'

라는 내로남불의 태도로 자신의 행동은 돌아보지 않은 채 그저 자신을 사랑하기에만 바쁘다. 그리고는 '자신이 부조리한 이유로 사람들에게 미움을 받고 있다'는 생각에 사로잡혀 살아간다. 자존감이 높다고 말하는 사람 중 실상은 그다지 행복하지 않은 사람이 많은 것도 이 때문이다.

먼저 '스스로를 제대로 사랑하는 법'을 배워야 한다. 사랑한다는 것에 대해 많은 이들이 대상의 좋은 점만을 떠올리고 그것이 사랑의 가장 큰 이유라고 생각한다. 하지만 제대로 된 사랑을 해본 사람들은 알 것이다. 상대가 어떤 모습과 상황이든 있는 그대로 받아들이는 것이 사랑이라는 것을 말이다. 예를 들어 강아지를 키우는 사람 중 정말 자신의 강아지를 사랑하는 사람들은 애교를 부릴 때뿐만 아니라 그들이 저지른 실수까지 이해하고 포용한다.

자신을 사랑하는 것도 마찬가지다. 자신이 잘하는 것이든 못하는 것이든 모든 부분을 이해하고 받아들일 수 있어야 한다. 말은 쉬워 보이지만 이것이 가능한 사람은 매우 드물었다. 타인의 칭찬을 기분 좋게 받아들이고, 실수했을 때 돌아오는 지적에 대해서도 겸허히 인정하는 태도 말이다.

있는 그대로의 나를 받아들이는 건 '나'라는 사람의 모든 것을 긍정하라는 게 아니다. 고쳐야 할 부분을 인정하고 꾸준히 개선하면서 전보다 나은 방식으로 표출하려는 노력이 필요하다. 나에 대해 잘 안다고 생각할수록 타인을 대할 때도 쉽게 판단하려 들 수 있다. 상황에 따라 현재의 생각은 언제든지 변할 수 있다. 그렇기에 계속 자기 자신에 대해 탐구하고 생각하는 습관을 가져야 한다.

하지만 이런 노력에도 자신을 받아들이지 못하는 사람들도 있다. 주변 사람들 때문이다. 가족, 친구, 연인 등 나와 가깝고 친밀한 사람들이 자신의 발전을 막는 경우는 아주 흔하다. 있는 그대로의 나를 받아들이려 해도 그들의 부정적인 평가 때문에 포기해버리는 것이다. 삶을 제대로 살고 싶다면 가장 가까운 사람과도 거리를 둘 수 있는 용기를 가져야 한다. "그래도…"라는 말을 덧붙이며 타인이 원하는 삶을 억지로 살고 있는 사람들이 정말 많다. 시간이 지나 후회한다고 해도 그 선택을 내린 건 오로지 자기 자신이었다는 걸 기억해야 한다.

거울에 대고 삿대질을 하든 미소를 짓든 그것을 보는 사람은 당신이다. 남을 대하는 태도가 곧 자신을 대하는 태도이다. 스스로를 사랑할 줄 아는 사람은 당장은 사랑받지 못할지라도 점점 그런 사람 곁엔 사람이 모여들 수밖에 없다. 자존감을 채우기 위해 사랑을 갈구하며 누군가를 곁에 두려는 사람들은 결코 그들 곁에 오래 머물 수 없다. 상대가 쫓아낸 것이 아니라 그들이 제 발로 떠난 것이다. 그들에겐 거짓된 사랑이 진실처럼 느껴지기에, 반대로 진실된 사랑을 받아도 사랑이라 느끼지 못할 테니까 말이다.

예민함이
무기가 될 때

유독 타인의 말을 듣고 싶은 대로만 해석하는 사람이 있다. 평범한 말들조차 '왜 그런 걸 묻냐'는 식으로 대꾸하기 일쑤이다. 일상 속 대화들이 그들에겐 마치 자신의 흠을 잡아내려고 하거나 비꼬는 것처럼 받아들여지는 듯하다. 그들이 말하는 걸 듣고 있으면 마치 세상의 모든 불행이 그들에게만 일방적으로 쏟아지고 있는 듯하다.

"밥 먹었어요?"라는 질문에는 대부분은 질문 그 자체에 집중하고 답을 한다. "네, 먹었어요"라던가 "아니요, 아직 못 먹었어요. 그쪽은요?"라고 말이다. 지극히 상식적이고 당연한 대화의 흐름은 이러하다.

그런데 앞서 말한 이들은 질문 뒤에 숨은 의도를 찾아내려는 것처럼 행동하기도 한다. '지금이 오후 2시가 넘었는데 왜 갑자기 나한테 이런 말을 하는 거지? 대부분 이 시간쯤 되면 다들 밥을 먹잖아. 그런데도 나한테 왜 이런 질문을 하는 걸까. 내가 이 시간까지 밥 한 끼도 제대로 못 챙겨 먹는 한심한 사람인 줄 아나?' 이내 그들은 별걸 다 물어본다는 표정을 지으며 상대에게 퉁명스레 한마디를 툭 던진다.

"당연히 먹었죠. 그걸 왜 물어봐요?"

당신도 이런 말투를 쓰는 사람을 만나본 적이 있다면, 지금 하는 말이 어떤 느낌인지 바로 알 것이다. 그들과 대화를 할 때 가장 많이 느끼는 감정은, '마치 내가 아무것도 모르는 사람'이 된 것 같은 기분이 든다는 것이다. 그들은 상대가 무엇을 질

문하든 새삼스레 뭘 그런 걸 물어보냐는 식으로 대꾸하기 일
쑤이다. "당연하죠", "그럼요", "정말 모르셨어요?" 이 3가지 말
들은 그들이 다른 사람과 대화를 할 때 자주 사용하는 말들이
다. 그들은 타인이 자신에게 아무런 의도 없이 한 말에 대해서
반사적으로 날을 세우고 없는 의도조차 자신의 머릿속에서 만
들어낸다. 자꾸 꼬아 듣다 보면 자기 인생도 꼬인다. 타인이 하
는 말에 무언가 의도가 숨어 있다고 생각하고 살다 보면, 쓸데
없는 에너지를 낭비하게 된다. 그러면서 점차 사람들이 자신을
떠나가고 곁에 남아 있는 이들에게 더 집착하는 것이다. 시간
이 지나면서 점점 줄어들기는커녕 훨씬 더 강해지는 그들의 예
민함을 누가 감당할 수 있겠는가.

　　이런 사람들은 다른 사람들에 비해 예민한 편이었으며, 특
정한 부분에선 그러한 예민함이 더욱 강해지는 경향을 갖고 있
었다. 마치 강박처럼 말이다. 누구나 기분이 좋지 않을 땐 평소
보다 날카로워진다. 하지만 이런 상태에서 자신의 감정을 얼마
나 컨트롤할 수 있는가, 그것이 성숙한 사람과 그렇지 않은 사
람을 나눈다. 원초적이고 날것 그대로인 감정과 생각을 기분이
나쁠 때도 정제해서 표현할 수 있는 사람. 그런 사람이야말로

정말로 성숙하고 타인을 배려하는 어른인 것이다.

예민하다는 건 칼과 같다. 칼은 다양한 재료들을 손질해 맛있는 요리를 할 수도 있지만 누군가에게 깊은 상처를 줄 수도 있다. 예민하다는 특성 또한 어떻게 그것을 사용하느냐에 따라 달라진다. 또한 예민함에겐 단짝 친구가 있다. 바로 '완벽함'이다. 예민한 사람일수록 특정 부분에서 완벽을 추구하며, 완벽주의적인 성향이 강한 사람일수록 예민한 특성을 많이 지니고 있다. 한 가지 분야에서 탁월한 성과를 이뤄낸 전문가들 중 대부분은 이 2가지 성향을 모두 갖고 있는 경우가 많았다.

하지만 예민한 사람 모두가 성공하진 않는다. 자신이 원하는 방향대로 일이 흘러가지 않거나 상대가 움직여주지 않을 때 자신도 모르게 짜증이 치밀어 오르는 사람도 많았다. 똑같은 예민함을 갖고 있는데도 왜 너무나 다른 삶을 살아가는 것일까? 예민한데도 좋은 관계를 맺으며 사는 사람들은, 자신의 특성이 가진 어두운 면을 계속 마주하고 그것을 받아들이기 위해 부단히 노력한다.

대부분이 그렇듯 사람들은 자신의 단점을 똑바로 바라보려고 하지 않는다. 설령 자신의 단점이 무엇인지 알더라도 그대로 놔두며 살아간다. 부족함을 스스로 채우려고 하는 것이 아니라 '그런 모습까지 이해해줄 사람'을 만나려고만 한다. 내가 쉽게 이해되지 않는 말 중 하나는, 스스로 감정기복이 심하기 때문에 기복이 덜한 사람을 만나고 싶다고 말하는 것이다. 물론 그 말이 어떤 의미인지 모르진 않지만 반대로 생각해보라. 그토록 안정적이고 감정의 기복이 없는 사람이, 왜 굳이 반대되는 사람을 만나야 할까?

　　또한 예민한 사람들은 자신과 반대되는 성향의 사람들을 답답해하는 경우가 많았다. 자신의 완벽주의적 기준에 비춰서 사람을 대하기 때문에 실수가 잦거나 느리면, 마치 자신보다 못한 사람을 대하듯 행동하곤 했다. 자신이 예민하게 생각하는 부분에선 한없이 상대를 닦달하지만, 정작 반대 상황에선 '뭘 그렇게 진지하게 받아들이냐'며 대수롭지 않다는 듯 취급하는 것이다.

예민함은 무기가 된다. 다만 그 날카로움이 앞을 가로막고 있는 시련들을 베어낼지 자신과 주변 사람들에게 상처를 줄지는 본인에게 달려 있다. 언제 사용할지도 마찬가지다. 시퍼렇게 날이 선 칼을 항상 들고 다니는 사람에게 누가 가까이 가고 싶겠는가. 당신의 예민함은 어떤가. 스스로를 지키는 무기인가, 타인에게 상처를 주는 무기인가.

누구나
재충전하는 시간이
필요하다

그럴 때가 있다. 외로워서 누구라도 옆에 있어 줬으면 하다가도 차라리 혼자 있는 게 낫다고 느껴질 때. 여행 도중 우연히 멋진 풍경을 발견했을 때도 마찬가지다. 이 아름다움을 공유할 수 있는 사람이 있었으면 싶다가도 혼자서만 아껴두고 싶은 마음이 들기도 한다.

사람은 크게 2가지 타입이 있다. 사람을 만나 에너지를 얻는 타입과 혼자 있는 시간을 통해 에너지를 충전하는 타입. 나는 후자에 속하는 편이다. 물론 아무리 외향적인 사람도 혼자만의 시간이 필요하고, 극히 내향적인 사람조차 가까운 사람과 있을 땐 말이 많아지곤 한다.

혼자 있는 시간을 즐기는 편이지만 나 또한 사람들을 만나 대화하는 걸 좋아한다. 상대가 어떻게 살아왔는지, 무엇을 좋아하고 싫어하는지를 들을 때 흥미를 느낀다. 취향이 비슷하다면 더욱 그렇다. 단 여기엔 조건이 하나 있다. '너무 많은 사람과 어울리는 게 아닐 것'. 내가 가장 좋아하는 대화는 단둘이서 나누는 대화이다.

넷 이상이 되면 조금 버거운데 그 이유는, 제대로 된 대화를 주고받기가 힘들기 때문이다. 내가 생각하는 제대로 된 대화란, 서로 질문과 대답을 적절히 하는 것이다. 상대에게 취미가 무엇이냐고 물었을 때 상대의 대답을 듣고 왜 그런 취미를 갖게 되었는지, 그 취미의 어떤 부분이 좋은지에 대한 궁금증이 생기고 또다시 그것을 묻는다. 즉, 상대방의 답변 하나로 인해 생겨나는 궁금증이 하나 이상이 되는 것이다.

사람이 많아질수록 이런 방식으로 대화에 집중하는 건 힘들어진다. 궁금증을 해소할 시간이 부족하고, 대화의 주제도 빠르게 바뀐다. 또한 여러 명과 대화를 하다 보면 상대적으로 말수가 적고 내향적인 사람들은 대화에서 소외되곤 한다. 나 또한 그런 경험이 많았기에, 여러 명과 함께 대화를 할 땐 말수가 적은 사람을 좀 더 신경 쓰는 편이다. 오히려 조용한 사람들일수록 친해졌을 때 생각했던 것보다 훨씬 더 유쾌한 면이 있을 때가 많았다.

분위기에 맞춰 적절한 대화 주제를 던지고, 상대방의 대답을 듣고 궁금한 점을 물어보며, 조용하게 앉아 있는 사람들에게 말을 건네며 그들의 속내를 듣는다는 건 결코 쉬운 일이 아니다. 사람들이 많아질수록 내가 대화에 집중하지 못하는 이유가 바로 이 때문이다.

이것은 누구를 배려하기 위함이 아닌 나 자신이 즐겁게 사람들을 만나기 위한 행동들이다. 글로 써놓긴 했지만 무의식적으로 이뤄지는 말과 행동이다 보니 사람들이 많아질수록 신경써야 할 것들도 많아진다. 그래서 많은 사람을 만나고 집에 돌아오면 즐거우면서도 피곤함이 동시에 느껴진다.

나는 사람마다 감당할 수 있는 관계의 범위가 어느 정도 정해져 있다고 생각한다. 일주일 내내 사람들을 만나도 새로운 약속을 잡는 사람이 있는 반면 사람을 만난 후 일정 기간 동안 휴식이 필요한 사람도 있다.

다만 확실하게 말할 수 있는 것이 하나 있다. 타고난 성향이 다른 사람들이 서로를 이해하는 것보다는 비슷한 성향을 가진 사람들을 만나는 게 편하다는 것이다. 사람을 만나는 것을 좋아하는 누군가가 내게 '일주일에 5번이면 적당하지'라던가, '혼자 있으면 심심하지 않아?'라고 물었다고 해보자. 내가 그에게 혼자 있는 것이 얼마나 즐거운지에 대해 아무리 열심히 설명하더라도 그가 완전히 내 생각을 이해할 수 있다고 생각하진 않는다. 반대 상황도 마찬가지일 테니까 말이다.

이러니저러니 해도 결론은 하나다. 나는 사람들과 만나 대화하는 것을 좋아하지만 그만큼 혼자 있는 시간도 정말 필요하다는 것이다. 이해를 돕기 위해 글로 길게 풀어 적었지만 사실 간단하다. 혼자 있는 시간이 너무나 좋고 편하다. 그래서 혼자 있는 것이다. 사람을 만나는 것과 혼자 있는 것 모두 내게 에너지를 충전하는 방법이다. 사람을 만나는 것이 저속 충전이라면, 혼자 있는 시간은 고속 충전이라 할 수 있다. 사람들을 만나기 위해, 오늘도 퇴근 후 고속 충전의 시간을 갖는다.

멍해진다는 건
휴식이 필요하다는 것

가끔 그런 순간이 있다. 아무도 없는 바다에 그저 둥둥 떠 있고 싶다는 기분이 드는 순간이. 그런 생각이 드는 날을 떠올려보면, 대부분 며칠 전부터 정신없이 바빴거나 스트레스를 받았던 적이 많았다.

사람의 몸은 정직하다. 마음은 쉼 없이 달리고 싶어 해도 몸은 멈추려고 한다. 머리로는 지금 멈추면 안 된다는 걸 알지만, 손발이 말을 듣지 않을 때가 있다. 꼭 어느 한쪽이 옳다고 할 수는 없다. 다만 그럴 땐 '쉬고 싶다'라고 느낄 만한 이유가 있었다.

쉬어야 할 때 쉬는 건 아주 중요하다. 사람과 기계의 공통점은, 무리하면 탈이 난다는 것이다. 현재 성능을 무시한 채 과도하게 움직이면 어딘가 고장이 나기 마련이다. 차이점은 기계는 고치면 금방 다시 움직일 수 있지만, 사람은 그렇지 않다는 것이다. 치료를 받고 몸은 멀쩡해지더라도, 마음이 괜찮아지는 데는 훨씬 더 오랜 시간이 소요된다.

쉬어야 할 때 잘 쉬어주어야 하는 건 단지 신체의 회복만을 위한 게 아니다. 오히려 체력의 회복보다 정신력의 회복을 위해 더욱 필요하다. 체력과 정신력은 상호작용한다. 하지만 체력이 회복되는 속도에 비해 정신이 회복되는 시간은 훨씬 더디다. 그래서 우리는 체력도 중요하지만, 정신이 무너지지 않기 위해 각별히 신경 쓰며 살아야 하는 것이다.

때로는 생각을 멈춰야 한다. 너무나 많은 생각들로 머리가 뜨겁게 과열되기 전에 잡념의 스위치를 끄는 연습이 필요하다. 그러기 위해 우리는 과감해질 필요가 있다. 바로 쉬어야 할 때 충분히 쉬는 것이다. '지금 쉬어선 안 돼'라는 스트레스로 인해 강해진 예민함이, 오히려 주변 사람들에게 상처를 줄 수도 있다.

다정함보다 더욱 중요한
'다정함의 뿌리'

다정하고 배려심 많으며, 말을 예쁘게 하는 사람을 싫어하는 사람은 아마 없을 것이다. 당신은 그런 생각을 해본 적 있는가. 당신을 설레게 만드는 그 사람의 다정함이 과연 어디에 뿌리를 두고 있는지를 말이다.

당신의 앞에 2가지 선물이 놓여 있다고 해보자. 하나는 고급스러운 포장지를 사용해 화려하게 포장되어 있고, 또 다른 하나는 흔히 볼 수 있는 갈색 종이봉투 안에 들어 있다. 둘 중

하나를 고를 수 있다면 당신은 무엇을 고르겠는가?

아마 대부분 멋지게 포장된 선물을 고를 것이다. 왜냐하면 포장상태를 보고 그 안의 내용물 또한 고급스러운 선물이 들어 있을 거라 짐작할 수 있을 테니 말이다. 하지만 막상 포장을 뜯어보니 그 안엔 포장지를 포장한 비닐이 가득할 뿐이었다. 반대로 쓰레기만 가득할 것이라 예상했던 종이봉투엔 수십만 원 상당의 상품권이 들어 있었다.

수려하고 아름다운 포장에 한 번 더 눈길이 가는 건 어쩔 수 없다. 그러나 겉이 화려하다고 해서 그 안에 들어 있는 내용물이 반드시 고급스럽고 귀한 것이라는 보장은 없다. 사람 또한 그렇다. 우리는 본능적으로 멋지고 아름다운 이성에게 호감을 느낀다. 하지만 멋진 외모를 지녔다고 해서 꼭 그들의 내면 또한 그렇게 멋질 거라는 보장은 없다.

다정함도 마찬가지다. 우리는 타인을 위해 희생하고 봉사하는 사람을 보며, 그 사람의 인격에 대해 칭찬을 아끼지 않는다. 자신의 사비를 털어 유기견, 유기묘들을 자신의 집으로 데

려가는 사람이 있다고 상상해보라. 자신의 돈과 시간을 길을 잃고 버려진 불쌍한 동물들을 위해 사용하는 사람의 고결한 모습이 그려진다. 하지만 알고 보니 그 사람이 동물들을 데리고 오기만 하고 방치에 가까운 수준으로 내버려둔다면 정말 그 사람을 다정하다고 말할 수 있을까?

다정함에도 2가지 결이 있다. '누군가를 위한 다정함'과 '자신을 위한 다정함'. 자신을 챙겨주고 신경 써주는 사람에게서 우리는 따뜻함을 느낀다. 그런데 그러한 다정함이, 사실 당신을 위한 것이 아니라 자기 자신의 목적을 달성하기 위한 계획적인 다정함이었다면 어떨까. 사실 이러한 다정함은 우리 주변에서 흔히 볼 수 있다.

평소에는 다정하고 사랑스럽던 연인이 조금만 기분이 나빠지면 표정이 금세 차가워진다거나, 자신이 원하는 대로 하면 아낌없이 칭찬을 해주지만 그렇지 않을 땐 상처 주는 말을 늘어놓는다면 '자신을 위한 다정함'의 대표적인 예시라고 할 수 있다. 이것이 문제가 되는 이유는 그들이 자신이 가진 다정함을 일종의 무기처럼 다룬다는 사실 때문이다.

그들의 다정함은 놓치기엔 너무나 따뜻하고 아늑하다. 그들의 기분이 좋고, 원하는 대로 흘러갈 때 당신이 받는 애정 어린 시선과 세심함. 그것은 당신에게 아주 큰 안도와 위로가 된다. 그래서 당신은 무의식적으로 그것을 놓치고 싶어 하지 않는다. 점점 더 상대가 원하는 대로만 행동하게 되고, 상대방이 싫어하는 행위를 했을 때 지나치게 눈치를 보며, 그러한 상황에 닥쳤을 때 자신도 모르게 예민해지거나 불안해지는 것. 과연 이것이 정말로 당신이 바라던 다정함인가?

다정하고 배려심 깊은 사람은 분명 매력적이다. 다만 우리는 그러한 상대의 다정함과 배려가 어디서부터 시작되는지를 파악할 수 있어야 한다. 상대가 자신이 원하는 대로 움직이게끔 하기 위해서라거나 자신의 기분이 좋을 때만 상대를 아껴주고 사랑해주는 것이 진정 우리가 이상적으로 그리는 '다정함'이 맞냐는 것이다. 진정으로 다정하고 배려심이 많은 사람은, 자신이 힘들거나 지친 상황에서도 상대를 위한다. 자신의 기분에 따라 다정함이 큰 폭으로 움직이지 않고 어떤 상황에서도 한결같다.

아주 뜨겁게 햇빛을 내리쬐다가 한순간에 매서운 바람이 불며 갈팡질팡하게 만드는 게 아닌 일정한 온도로 너무 덥지도, 춥지도 않게 당신을 기분 좋은 따뜻함으로 나른하게 만드는 것 말이다. 뿌리부터 다정한 사람과 겉으로만 다정한 사람. 당신의 다정함은 어느 쪽에 가까운지, 또 나와 가까운 누군가의 다정함은 어느 쪽에 가까운지 살펴봐야 한다.

인생의
어려움을
대하는 태도

할아버지와 할머니, 손녀가 함께 그림을 그리며 시간을 보내는 중에 할머니가 들고 있던 크레파스가 둘로 쪼개졌다. 그걸 본 손녀는 "할머니가 크레파스를 부러뜨렸다"고 말했다. 그러자 옆에서 그 모습을 지켜보고 있던 할아버지가 조용히 말했다.

"크레파스가 두 개가 되었구나."

크레파스가 부러진 것과 크레파스가 두 개가 된 것. 똑같은 사실임에도 느껴지는 기분은 사뭇 달라진다. 자신의 크레파스가 부러진 것과 크레파스가 하나에서 둘로 늘어났다는 것. 무엇이 더 좋은 쪽으로 해석될지는 분명하다.

특정한 현상을 자신도 모르게 부정적인 방향 위주로 해석하거나 받아들이는 경우가 있다. 무엇을 하더라도 불평불만이 가득한 사람이 있다. 여름엔 더우면 덥다고 불평하고, 겨울엔 춥다고 불평을 하는 식으로 자신에게 일어나는 모든 일을 부정적인 쪽으로만 해석한다. 돈을 벌어도 자신이 쓰기엔 턱없이 부족하다고 말하고, 보너스를 받아도 '이것밖에 안 주냐'라고 입이 비쭉 튀어나오는 것이다.

사람은 생각지도 못한 곳에서 도움을 받거나 이득을 보게 되었을 때 진정한 모습이 드러난다. 누군가는 당연하다고 받아들이거나 또 다른 이는 매우 감사하다는 반응을 보인다. 그러한 일들이 지속적으로 벌어지면 또다시 본모습이 드러난다. 처음 한두 번은 고맙다고 말하지만 몇 번 비슷한 일이 일어난 후에도 고마워하는 사람은 드물다.

사실 상황을 긍정적인 방향으로 해석한다는 것에 대해 회의적으로 바라보는 사람들도 있을 것이다. 왜냐하면 그것은 이미 벌어진 사실이니까 말이다. 크레파스가 부러진 건 사실이다. 부러진 것을 부러지지 않았다고 할 수는 없다.

그럼에도 불구하고 부정적인 상황을 좋게 해석하고 받아들이려는 노력을 해야 하는 이유는 간단하다. 어떤 일이 벌어지든 우리는 매일 해야 할 일을 하며 살아가기 때문이다. 크레파스가 부러졌다고 그림을 그리지 않을 것인가? 좋지 않은 상황에 놓이더라도 그것을 헤쳐 나가고 받아들여야 하는 것 또한 사실이다. 그렇기에 우리 앞에 놓인 부정적인 상황들을 좀 더 좋은 쪽으로 해석하고 받아들이는 연습을 부단히 해야만 하는 것이다.

무엇을 하느냐보다 어떻게 받아들이는지가 더 중요할 때도 있다. 시련과 고난은 누구에게나 닥친다. 때로는 견디기 어려울 때도 있다. 그러나 인생에선 항상 힘든 일만 일어나진 않는다. 삶이 매번 아름다울 순 없지만 그렇다고 해서 항상 거지같을 수도 없기 때문이다.

당신은 어떤가. 매일 크레파스가 부러졌다고 투덜대고 있진 않았는가. '항상 나만 피해를 보고 있다', '내가 제일 불쌍하다', '왜 나한테만 이런 일이 생기는 건가'라며 자학하고, 좋은 일들은 '응당 그래야 한다'며 별로 기뻐하지 않았던 것은 아니었는가.

삶은 모든 것을 주거나 앗아가지 않는다. 떠올려보면 당신의 매일 또한 항상 최악은 아니었을 것이다. 99% 최악인 날에도, 1% 정도는 차악이 있다. 최악보다 차악에 집중하다 보면, 그나마 나쁘지 않았던 날들이 점점 더 많아진다. 매일 행복하고 아무 탈이 없을 거라는 생각은 오히려 당신을 힘들게 만든다. 그저 좋은 일과 그렇지 않은 일 모두 당연히 일어날 수 있다는 걸 받아들이는 것. 행복하지 않은 일도 스스로 어떻게 생각하느냐에 따라 당신의 기분도 완전히 달라진다는 것. 이것들을 마음에 새긴다면 당신도 언젠간 자연스럽게 말할 수 있게 될 것이다. "크레파스가 2개가 됐잖아!"라고.

행복한 날들이란
멋지고 놀라운 일이 일어나는 날들이 아니라
진주알이 하나하나 한 줄로 꿰어지듯이
작고 단순한 기쁨들이 계속 있는 것이다.

- 루시 모드 몽고메리

서툰 어른을 위한 인생 수업

초판 발행   2024년 9월 12일

지은이   콰트
펴낸곳   다른상상
등록번호   제399-2018-000014호
전화   02)3661-5964
팩스   02)6008-5964
전자우편   darunsangsang@naver.com

ISBN   979-11-93808-12-2   03190

독자 여러분의 책에 관한 아이디어나 원고 투고를 설레는 마음으로 기다리고 있습니다.
이메일로 간단한 개요와 취지, 연락처를 보내주세요. 독자님과 함께하겠습니다.